仕事に使う順

毎日1分間

敬語
マスターBOOK

 唐沢 明 大学講師・敬語アドバイザー

TOブックス

はじめに

　私は、企業や大学で、話し方・敬語・コミュニケーションなどのセミナーや講座の講師を務めて15年目になります。
　最大の目的は、受講生に「コミュニケーションのできる人」になってもらうことです。
　コミュニケーションのできる人とは、どのような人でしょうか？
　話し上手な人、ネタが豊富な人、アイコンタクトのできる人、聞き上手な人……など、いろいろな要素があると思います。
　最近、「空気を読める、読めない」というフレーズをよく耳にしますね。KYとは、まさにコミュニケーション時に空気が読めない人を指します。
　では、逆に空気が読める人とは、どんな人でしょうか？
　私は、「敬語が使える人」だとアドバイスしています。
「今コミュニケーションしているこの人と、私の距離感、位置はこのくらいだ、だから、この敬語を使って、このように対話しよう」ということを、その場その場で瞬時に判断し、美しい敬語を使ってコミュニケーションができる人は、空気の読める素敵な人です。
　ある時、私の研修講義を聞き、講義後の私のもとに質問をしに来たビジネスパーソンが2人がいました。
　K子さんは、「さっきのここがわからないんですけど……」と言いました。一方、Y子さんは、「唐沢先生、大変申し訳ありませんが、先ほどのこちらの部分を、教えていただけますか？」と言いました。
　この2人の質問の仕方を比べてみると、Y子さんの方が、好感度アップですね。
　それは、K子さんは、「わからないんですけど」と、事実だけを伝えている一方通行のドッジボールなのに対して、Y子さんは、「大変申し訳ありませんが」「教えてほしい」という謙虚な姿勢が感じられ、相手のことも考えながら、会話のキャッチボールができているからです。

相手との距離を考え、空気を読み、敬語を使うことによってコミュニケーションができる人は、仕事のできる人になれます。

また数年前、「人は見た目が9割」という言葉が流行りました。この見た目という言葉だけにとらわれて、服装やメイク、美人、イケメンなど、第一印象だけに努力をつぎ込んではいけません。

確かに、見た目、第一印象は、人間関係において重要なのですが、実際のコミュニケーションや会話において、あいさつやマナー、そして敬語が使えないと、品格のない人だと思われ、損をしてしまいます。

見た目の第一印象以上に気を配ってほしいのが、第二印象の内面、コミュニケーション力、敬語力です。

美人、イケメンであっても、敬語の使い方がおかしいと、ルックスだけの人間になってしまいます。これでは、一人前の大人にはなれません。

本書では、私の就職活動、営業マン時代、講師・研修セミナーなどの長年の経験から、多くの社長や役員、人事、面接官が使用し、効果があった魔法の敬語、好感度倍増の敬語フレーズを集めました。読者やビジネスパーソンのお役に立つように、敬語を仕事で使う順にランクづけしたオリジナルバイブルです。

基礎的な敬語や、ビジネスシーンで使う敬語や言い回しを、〈仕事で使う順〉〈使用頻度ランキング〉で示し、英単語や英熟語のように、〈でる言葉〉だけをマスターしていく、即効性のある内容になっています。

受験時代を思い出し、英語が敬語になったと考えて、丸暗記でも構いませんので、覚えたもの勝ちだと思って習得していきましょう。

仕事の実践でのコミュニケーションや、営業、交渉、打ち合わせ、面談、電話など、どんなビジネスシーンで、どんな敬語を使い、どこがポイントであるかを示していますので、受験勉強のように、ワクワク、サクサク覚えていけると思います。

仕事に使う順　毎日1分間　敬語マスターBOOK　　目次

はじめに ……… 2

第1章　基本の挨拶

- 初対面の挨拶 ……… 10
- 久しぶりに会う人との挨拶 ……… 12
- よく会う人との挨拶 ……… 14
- 自己紹介プラスα ……… 16
- 天気・季節・ニュース ……… 18
- 会話の導入 ……… 20
- 会話を弾ませる ……… 22
- 雑談を続ける ……… 24
- また会う人へ挨拶 ……… 26
- しばらく会わない人への挨拶 ……… 28

コラム1　敬語初心者が押さえておきたいポイント ……… 30

第2章　コミュニケーションの潤滑油に

- 話を引き出す ……… 34
- 相手に共感する ……… 36
- 相手の良いところを褒める ……… 38
- 相手の仕事内容を褒める ……… 40

褒められたときに返す	42
誘う	44
誘いに応じる	46
コラム2　好感度UPの最強ツール	48

第3章　お祝い・お礼の場面で

お祝い	50
冠婚葬祭の場で	52
いただきものへのお礼	54
特別なときの感謝	56
仕事でお世話になったお礼	58
コラム3　社会人として覚えておきたい丁寧な言い回し	60

第4章　社外での敬語

依頼・お願いをする	64
営業に使う	66
もうひと押しする	68
依頼を引き受ける	70
会社を訪問する（受付で）	72
おいとまするとき	74
人を紹介する	76
来客に応対する	78

| コラム4 | 挨拶の起源 | 80 |

第5章 社内での敬語

会議を仕切る … 84
会議を締める … 86
提案・プレゼン・アピールする … 88
途中経過を報告する … 90
悪い結果を報告する … 92
仕事を教える … 94
指示を出す … 96
指示を求める・質問する … 98
ねぎらう … 100
ミスをした後輩を励ます … 102

| コラム5 | 社内での挨拶の重要性 | 104 |

第6章 電話応対の敬語

電話をかける … 108
電話を受ける … 110
人に取り次ぐ … 112
不在を伝える … 114
伝言を受ける … 116

| コラム6 | すぐに使える |

敬語の単語帳 ················ 118

第7章 ビジネスメールと就職・転職活動の敬語

お祝いの気持ちを伝える ········· 128
メールを締める ················ 130
就職活動・転職活動時の面接で ··· 132
就職活動・転職活動の電話対応 ··· 134

コラム7 就職・転職活動での敬語 136

第8章 接客での敬語

飲食店でお客様を迎える ········· 142
お客様が席についたとき ········· 144
お客様の食事中に ··············· 146
お会計のとき ··················· 148
困っているお客様の
サポートをする ················· 150

コラム8 いざという時の
「便利敬語」フレーズ集 ··········· 152

第9章 酒席・パーティ等での敬語

ごちそうになる、ごちそうする ··· 162

酒席・接待のとき ……………… 164
お見舞い・健康を気遣うとき …… 166
上司の家に招かれたとき ………… 168
パーティや交流会に
出席したとき …………………… 170

コラム9 シーズン別敬語集 …… 172

第10章 お詫びの敬語

失態・ミスを詫びる ……………… 180
遅刻を詫びる ……………………… 182
言い過ぎたことを詫びる ………… 184

巻末コラム 敬語の基本〈まとめ〉 186

おわりに ……………………… 190

基本の挨拶

初対面の挨拶 …………………………… 10
久しぶりに会う人との挨拶 …………… 12
よく会う人との挨拶 …………………… 14
自己紹介プラスα ……………………… 16
天気・季節・ニュース ………………… 18
会話の導入 ……………………………… 20
会話を弾ませる ………………………… 22
雑談を続ける …………………………… 24
また会う人への挨拶 …………………… 26
しばらく会わない人への挨拶 ………… 28

コラム1　敬語初心者が
押さえておきたいポイント …………… 30

1 初対面の挨拶

VERY GOOD 01位

はじめまして。
山田一郎と申します。

Point はじめての挨拶は、フルネームでしっかりと名乗ろう。名刺を渡すときに、しっかりと自己紹介できれば丁寧な印象を与える。

VERY GOOD 02位

私（わたくし）、山田一郎と申します。
よろしくお願いします。

Point 自己紹介の時は、「言います」を「申します」と言い換えること。「よろしく」は「よろしくお願いします」と言うことで敬意が生まれる。

GOOD 03位

はじめてお目にかかります。
渋谷社の山田一郎と申します。

Point 「お目にかかる」は「会う」の謙譲語。「はじめまして」よりも丁寧な印象を与えるので覚えておこう。フルネームで伝えよう。

GOOD 04位

お目にかかれることを
楽しみにしていました。

Point 「会いたい」だけでは敬意は伝わらない。謙譲語である「お目にかかる」を使って、スマートな敬語に言いかえよう。

どうも、山田です。

　　初対面での挨拶は、今後の印象を決定づけるパワーがある。「どうも、××です」と言うと、幼稚な表現になるので注意しよう。

僕は山田と言います。
どうぞ、よろしく。

　　改まった場では、丁寧な自称である「わたくし」を使おう。「僕」「わたし」などは日常的に使う言葉なので、日頃から言い換える癖を意識すること。

はじめて会いますよね。

　　「はじめてお目にかかります」のあとに、自己紹介をするとなお良い。「お噂はかねがね伺っております」などのプラスの言葉を添えてもOK。

ずっと会いたかったんですよ！

　　子供っぽい表現をしないように注意しよう。その他にも、「お目にかかれて光栄です」などのワンフレーズを押さえて。メールでも「！」マークはＮＧ。

1 久しぶりに会う人との挨拶

VERY GOOD

01位

久しぶりにお会いできて、嬉しいです。

Point 知り合いだったとしても、きちんとした言葉で接しよう。続けて、「この間は大変お世話になりました」など前回会った時の感想を伝えるのもスマート。

VERY GOOD

02位

近藤さんはお変わりございませんか？ 私はおかげ様で元気にやっております。

Point 目上の人には敬意を表せる表現が◎。「お変わりございませんか」の代わりに「お元気でいらっしゃいましたか」も使える表現。

GOOD

03位

お元気そうで何よりです。

Point 「お久しぶりです」の後には、「お元気そうで何よりです」などの気遣うフレーズを一言付け加えると印象がUPする。

GOOD

04位

こんにちは。すっかりご無沙汰しておりますが。

Point 「久しぶり」は同等の相手に使う表現なので、目上の人には「ご無沙汰しております」を使えば少なくとも失礼にはならない。

どうも。久しぶりですね。

フォーマルなシーンで「どうも」は正しくはない。そっけないイメージを与えるので、使用しない方が自分のために◎。

近藤さん元気でした？
私も元気でしたよ。

「周りのおかげで、自分も良好でいられる」ということを、「おかげ様」と表現して感謝を示す。

元気でよかったです。

「元気でよかった」だけでは味気ないので、敬語表現でブラッシュアップして。「ご活躍、伺っております」も相手を立てる表現なので覚えておこう。

こんにちは。

「こんにちは」だけでは敬意不足。「ご無沙汰しております」のあとに「が」をつけることで、柔らかく上品な表現になる。

1 よく会う人との挨拶

VERY GOOD

01位

本日もどうぞよろしくお願いいたします。

Point ビジネスシーンでは、「今日」は「本日」と言い換える。また、「明日」は「みょうにち」と言うようにする。細かいところで無知がバレると恥ずかしい。

VERY GOOD

02位

お足元の悪い中（ご多忙の中）、お時間ありがとうございます。

Point 「ご多忙の中」など、相手をねぎらうフレーズを一言添えると好印象になりやすい。「お足元の悪い中」は雨の日に使うフレーズ。

GOOD

03位

おはようございます。良いお天気ですね。

Point 朝10時頃までは、「おはようございます」を使おう。会話の間を持たせるためには、差し支えのない「天気の話題」が使えるのでしっかり覚えて。

GOOD

04位

山田さん、お世話になっております。昨日（さくじつ）はいかがでしたか？

Point 「お疲れさま」は同等または社内で使用するフレーズ。社外の人には「お世話になっております」が基本中の基本。

今日もよろしくどうぞ。

言葉を省かないように心がけよう。「よろしく」に敬意は含まれないので、「どうぞよろしくお願いします」というワンフレーズをしっかり伝えること。

時間作ってもらって、すいません。

どんな時にも、相手が忙しいことを前提として会話すること。時間を作ってもらっていることを、恐縮して伝えるとGOOD。

おはよう。晴れましたね。

「良いお天気ですね」は、晴れている時に使える常套句。雨が降っている時は、「あいにくのお天気ですね」のフレーズを使う。

お疲れさまです。昨日どうでした？

「どう？」は親しい間柄で使用する言葉。丁寧語の「いかが」と言い換えて、相手への敬意を表すこと。ビジネスシーンでは、「昨日」を「さくじつ」と言うことを忘れずに。

1 自己紹介プラスα

VERY GOOD

01位

こんにちは。はじめまして。
カラッとさわやか、
明るい唐沢明です。

Point 名前の漢字を使って自己紹介すると覚えてもらいやすい。どのシーンでも使える好印象な自己紹介を用意しておこう。

VERY GOOD

02位

俳優の唐沢寿明と同じ苗字、
同い年の唐沢明です。

Point 初対面では相手の印象に残りやすい工夫を。芸能人や作家などと関連付けて自己紹介すれば、相手も覚えやすい。

GOOD

03位

わたしは9月の秋生まれで、
京都出身の秋山京子と申します。

Point 誕生日や出身地などの情報を盛り込むと、さらに印象に残りやすい。同じ出身地の人がいれば、同郷の話題で盛り上がることもある。

GOOD

04位

サッカー選手の本田圭佑と
一字違いの、
「か・ん・だ・け・い・す・け」です。

Point 名前は相手にわかりやすいように、一文字一文字丁寧に伝えよう。早口だと、「え？ △△さん？」と相手が聞き返す手間が発生する可能性アリ。

はじめまして、唐沢です。

自己紹介はフルネームで名乗ることが基本。名刺を渡すときは、立ったまま、両手で差し出すようにするのがマナー。

（相手が名乗るのを待ってから）どうも、唐沢です。

目上の人には、自分から先に名乗るようにしたい。相手に先に自己紹介されたら、「ご挨拶が遅れましたが」と一言付け加えよう。

秋山京子と言います。仏像が好きです。

「言います」は謙譲語の「申します」と言い換えよう。また、マニアックな話題だと周りがついてこられないことがあるので注意。

（早口で）僕は神田圭佑です。

「僕」は社会人としては×。「わたくし」と言い換えよう。名刺に名前が載っているからといって、自己紹介を怠らないこと。

1 天気・季節・ニュース

VERY GOOD 01位

最近暖かくなりましたね？
高橋課長、
花粉症は大丈夫ですか？

Point 会話のきっかけに困ったら、テニス。テ＝天気、ニ＝ニュース、ス＝スポーツの話題を。相手から話題を振ってきたら、話を広げるサービス精神を発揮して。

VERY GOOD 02位

ところで、今年のトマトは
一段と美味しいですね？

Point 旬の話題は誰でも情報が入りやすいので、フランクな会話にぴったり。いつも、旬の話題をキャッチするアンテナを張っておこう。

GOOD 03位

青木部長の来週の連休の
ご予定はいかがでしょうか？

Point 休みの話題は、相手と盛り上がる鉄板ネタ。休み明けなどは「週末はゆっくりされましたか？」などと話を切り出すのもGOOD。

GOOD 04位

先日、赤西課長に勧められた
新商品を早速使ってみました。

Point 初対面の人と会話する糸口が見つからない場合は、流行の話題が◎。または、相手からオススメされた事柄を話すと、相手を喜ばせることができる。

もう春ですよね。花粉症があるから嫌だなぁ。

「嫌だ」「苦手だ」などのネガティブな話題は、相手を困らせる可能性が高い。なるべくポジティブな言葉を選んで話そう。

野球だと阪神のファンなんですよ。斉藤部長はどうですか？

野球や政治など、相手のこだわりが強い話題は避けたほうが無難。好みが相手の価値観と合わないと、気まずい雰囲気になる可能性も。

青木部長って、来週の連休はどうするんですか？

「どう」は「いかが」と丁寧語に言い換えて、敬意をきちんと示そう。「どうですか？」と言えるのは親しい間柄のみと心得ておく。

なにげにトレランにハマっているんです。知っていますか？

「なにげに〜」は若者言葉なので使わない。また、一部の人だけが知っているようなマニアックな話題は、相手が反応に困ることもあるので注意。

1 会話の導入

VERY GOOD

01位

御社の△△のパッケージ、新しくなりましたね？

Point 取引先との打ち合わせなどで、先方の商品を話題にすれば会話がしやすい。「あなたの会社を常に注目していますよ」というアピールにもなる。

VERY GOOD

02位

そのネクタイ、大変お似合いですね。

Point 相手を観察すれば、褒めるポイントはたくさんある。感じたことをプラスの言葉で表現すれば、相手の気分を盛り上げるのでGOOD。

GOOD

03位

本日はどちらから、いらっしゃったんですか？

Point 初めて会った人にも尋ねやすいフレーズ。遠くから来てくれた人には、「遠方よりお越しいただきありがとうございます」など気遣う言葉を添えよう。

GOOD

04位

ところで、現在公開中の映画、ご覧になりましたか？

Point 相手の好みを知りたいときは、遊びに関することを話題にしてみよう。また、話を切り替えたいときは、「ところで」「そういえば」などのフレーズでOK。

まだ秘密なんですけど、
今後は弊社で……

取引先と現時点で関係のない、社内の業務内容を話すのは禁物。信用問題に発展する可能性もあるので、細心の注意をしよう。

そのネクタイ、
似合っていらっしゃいますね。

この場合、「似合う」に「いらっしゃる」をつけるとネクタイに敬意を示してしまう。間違えやすいので注意しよう。

今日はどこから来たんですか？

「どこから」は丁寧語の「どちら」、「来た」は尊敬語の「いらっしゃった」に言い換えよう。ちょっとした会話でも敬語力が見極められてしまう。

いきなりですけど、
この映画見ましたか？

なるべく話題を自然と切り替えることを心がけて。「見た」は「ご覧になる」と言い換えることで敬意を示せる。

1 会話を弾ませる

VERY GOOD

01位

青木部長は、最近ゴルフに行かれましたか？

Point 相手の興味があることを話題にすると、会話が盛り上がりやすい。相手がある場所に行くときは、尊敬語の「行かれる」を使うこと。

VERY GOOD

02位

赤西課長、先ほど、温泉が好きとおっしゃいましたが……

Point リアルタイムで相手が話したことを掘り下げると、会話が盛り上がりやすい。相手の話したことに、必ずリアクションを取るようにしよう。

GOOD

03位

部長の手帳のデザイン、大変素敵でおしゃれですね。

Point 視界に入ったものを素直に褒めよう。嫌味っぽくならないように、さらっと言えるように心がけて。笑顔も忘れずに。

GOOD

04位

髪型変えられましたか？一段とお似合いですね？

Point 小さな変化を褒められると喜ぶ女性には特に効果的なフレーズ。また、洋服を褒める時は「お洋服」と丁寧に表現する。

青木部長は、
最近おもしろいことありました？

具体的なテーマで話を振るようにしよう。漠然としたテーマだと、相手が考えこんでしまいがち。相手にプレッシャーを与える表現は×。

赤西課長は、温泉が好きって
言ってましたよね？

「言う」は尊敬語の「おっしゃる」へと言い換えること。大袈裟にならない程度に共感を示すと、更にGOOD。

その手帳、超イケてますね。

「イケてる」は若者言葉。「おしゃれ」「かっこいい」「使いやすそう」などと、丁寧に言い換えてみよう。「超」も卒業しよう。

その髪型、すごい似合ってますよ。

「すごい」を乱発すると、子供っぽい印象を与えがち。「大変」「一段」などと言い換えて、社会人らしい言葉づかいにする。

1 雑談を続ける

VERY GOOD 01位
左様(さよう)でございますか。

Point　「そうですか」は「左様でございますか」と丁寧に表現しよう。電話対応でも使えるので、言い慣れておくと良い。

VERY GOOD 02位
ところで先ほどのお話に戻りますが……

Point　会話に沈黙ができたら、ひとつ前の話題を持ってくればOK。なるべく相手の興味がある話題から逸れないようにする。「ところで」の接続詞もポイント。

GOOD 03位
私(わたくし)も同感です。

Point　「わかります」と言うより、「同感です」と言った方がフォーマルな印象になりやすい。「共感します」でも可。

GOOD 04位
林部長のお話を伺っていましたら……

Point　「あなたの話のおかげで」という感謝の気持ちを伝えよう。「△△をもっと教えていただけますか？」など、関心を示すとさらにGOOD。

なるほど、なるほど。

「なるほど」は目上の人に失礼なものの言い方。「なるほどですね」も言葉として正しくはない。言ってしまいがちなので、普段から気をつけよう。

さっきの話なんですけど……

「さっき」は「先ほど」、「話」は「お話」と丁寧に言い換えてみよう。丁寧語を上手に使えれば、印象が柔らかくなる。

でも、それは……

相手の反応にネガティブな言葉で返すことは厳禁。場の空気が悪くなるだけでなく、相手の意見に反対している印象を与えがち。

それは良かったですね。

会話を盛り上げることを心がけて。ためになる話を聴いた時は、「勉強させていただきました」と謙虚さをアピールする工夫を。

1 また会う人への挨拶

VERY GOOD
01位

お先に失礼いたします。

Point 社内に残っている人への気遣いも忘れずに。「お先に失礼させていただきます」も同様に使えるフレーズ。

VERY GOOD
02位

明日（みょうにち）もよろしくお願いします。

Point 明日は「みょうにち」と言い換えて、社会人らしい言葉づかいに。「よろしく」に「お願いします」をつけて敬語表現にする。

GOOD
03位

次回も楽しみにしております。

Point 「次回の再会を楽しみにしている」という気持ちを伝えれば、好印象を与えることができる。「います」の謙譲表現である「おります」を使う。

GOOD
04位

後（のち）ほどメールさせていただきます。

Point 「メールをします」と宣言することで、関係性のリーダーシップを取ることができる。メールでは「本日はありがとうございました」とはじめてみよう。

お先で〜す。

無言で帰ったり、簡潔な挨拶はぶっきらぼう。「特に何もないようでしたら〜」と頭に付け加えて、帰宅する理由を述べるのも良い。

明日(あした)もよろしく。

ビジネスシーンにふさわしい言葉づかいを心がけよう。「よろしくお願いします」と頭を下げることで改まったイメージになる。

お元気で。さようなら。

「今回限りで」というイメージを与えてしまいがち。今後も良好な関係を続けていきたい相手には、次回につながるフレーズを伝えよう。

後でメールしますから。

「適当にメールします」と聞こえるので心象が悪い。「後で」を「後ほど」と改まった表現にして、語尾まで丁寧に伝える。

1 しばらく会わない人への挨拶

VERY GOOD

01位

本日はご多忙の中、誠にありがとうございました。

Point　「忙しい」を「ご多忙」と言い換えよう。また、「ご多用」と書く場合もあるが、意味は同じ。

VERY GOOD

02位

またいらしてくださいませ。

Point　「来る」を尊敬語の「いらっしゃる」を使って敬語表現にしてみよう。最後に「〜ませ」と付けることで、より丁寧な表現になる。

GOOD

03位

くれぐれもお大事になさってください。

Point　尊敬語の「なさる」を効果的に使って敬意を示そう。目上の人や高齢の相手をねぎらうフレーズで、好感度もあがる。

GOOD

04位

ごきげんよう。いずれまたお目にかかれることを楽しみにしております。

Point　「会う」を「お目にかかる」と改めて、敬意を伝える。「楽しみにしています」を一言付け加えると、相手も嬉しくなるはず。「心待ちしています」も可。

今日はありがとうございます。

ビジネスパートナーは、自分以上にいつも忙しいと心得ておこう。頭に「本日はご多忙の中～」と前置きすることで、相手に感謝を示す。

また来てくださいね。

「またいらっしゃってください」という表現は、同等・目下・目上の人とどのような人にも使える。別れの挨拶も爽やかに。

お大事に。

言葉をなるべく省略しないことが敬語表現のコツ。「どうぞ、お大事になさってください」も同様に使える。

では、また会えるといいですね。

他人ごとのように聴こえてしまうフレーズ。出会いと別れの挨拶として、「ごきげんよう」と表現すると上品な印象になる。

敬語初心者が押さえておきたいポイント

　敬語やビジネスマナーがよくわからないうちは、他社を訪問したり来客の対応をしたりするのは、特に緊張する場面となります。あまり肩ひじを張らず、まずは笑顔で明るく、誠意を持って接することを心がけましょう。

　あらかじめいくつかのポイントを知っておくだけでも気持ちが楽になり、場数を踏むうち、すぐ敬語もスムーズに出てくるようになります。ここでは、社会人としての敬語初心者が、最低限押さえておきたいポイントをまとめてみましょう。

●挨拶をきちんとしよう

　第一声の挨拶ができるかできないかで、印象は大きく変わります。午前中の第一声は「おはようございます」。昼以降は状況に応じて「失礼いたします」や「お世話になっております」。他社や部屋への出入り、目上の人の前での行動は「失礼いたします」がセットとなります。そして、別れ際には「本日はありがとうございました」「今後ともよろしくお願い申し上げます」といった挨拶となります。

●「こんにちは」「さようなら」「ごめんなさい」は使わない

　社会人になると、上記の挨拶を目上の人に使いません。「こんにちは」の代わりは、社外の人の場合「お世話になっております」、久しぶりに会う時は「ご無沙汰しております」、社内の人であれば「お疲れさまです」など。「さようなら」は「失礼いたします」「ごめんくださいませ」などに。また、「ごめんさい」にあたるのは、「申し訳ございません」「失礼いたしました」となります。

●挨拶と一緒に会釈をする

　会釈は状況によって変わることも覚えておきましょう。日常の挨拶程度なら、軽く15°くらい上半身を傾けて頭を下げます。訪問先や来客時、感謝やお礼の意を表する時には、もう少し丁寧に30°くらい。迷惑をかけた時の謝罪や商談が成立した時は、最も深く45°くらいとなります。会釈の深さでそのことに対する敬意の深さ

が測られるのです。

●自分と上司・先輩の呼び方を覚える
　自分のことは「ボク」「オレ」「あたし」と言わず「わたくし」。上司に対しては「〇〇課長」「△△主任」など、名前の後に役職をつけます。ただし、社外の人に対して自分の上司のことを話す際は、役職や「さん」を一切つけずに名前だけで呼ぶので要注意。社外の人を呼ぶ時は「名前＋役職」、役職のない人には「様」をつけます。しかし、役職の後にも「さん」や「様」をつけて「〇〇課長様」と呼んでいる企業もあるので、そのような習慣のある企業には、合わせた呼び方をするのが良いでしょう。

●自分や社内の人について話す時は尊敬語を使わない
　社外の人に話す時、自分や社内の人に敬称をつけないことと合わせて、尊敬語を使わないことも初心者が間違えやすい点のひとつ。つい丁寧に話そうとして、「ウチの課長がおっしゃっていました」などと口をすべらせがちですが、自分と社内の人に関しては「謙譲語」、相手に対しては「尊敬語」と、使いわけを覚えておきましょう。

●「お」「ご」など丁寧語を多用しない
　初心者の陥りやすい間違いの１つに、丁寧に話そうとするあまり、やたらと「お」や「ご」を単語や動詞の前につけ、一文中に何度も重ねてしまうことがあります。これを「過剰敬語」と呼びます。その場合、文章の最後の部分だけを尊敬語や丁寧語を使って結び、前の部分の丁寧語は省くようにします。最後の結びとなる敬語が、前の部分にかかるとされるのです。

●「れる」「られる」の使い方に注意
　尊敬語と受け身、可能の表現が同じ言い方になるため、「れる」「られる」は、混同しやすい言葉の１つ。「わかりましたか」を丁寧に言ったつもりで「おわかりになられましたか」と尋ねると、過剰敬語となるだけでなく、「理解できるのか」と能力を問われたようで不快な印象まで与えます。この場合は「よろしいでしょうか」などの言い方に変えましょう。「話す」を「話される」と

言うと、敬語とも受け身とも取れるので、尊敬語なら「おっしゃる」としましょう。

●頭で考えるより慣れることが大事
　いきなり最初から間違いなく敬語を使いこなそうとするのは無理な話。まずは例文を読んで、自分の身に起きそうな似た場面を想定し、練習をしてみましょう。「明日は初めての他社訪問」などという日は、ぜひトライしてみてください。わからない時はコラム８のフレーズ集を参考に、同期の新入社員などと一緒にゲーム感覚でシミュレーションしてみるのも手です。「習うより慣れろ」が近道です。

コミュニケーションの潤滑油に

話を引き出す	34
相手に共感する	36
相手の良いところを褒める	38
相手の仕事内容を褒める	40
褒められたときに返す	42
誘う	44
誘いに応じる	46

| コラム2　好感度UPの最強ツール | 48 |

2 話を引き出す

VERY GOOD
01位

左様(さよう)でございますか？
ところで〜

 Point 「はい」という相槌を繰り返すと、冷たい印象を与えがち。「ところで〜」と続けて、話の方向性を変える。p.24参照。

VERY GOOD
02位

大変恐縮ですが、話が戻りますが、

 Point 相手が話しやすそうな話題に転換するときは、「恐縮ですが」などのクッション言葉を付けて、失礼のないように。

GOOD
03位

と、おっしゃいますと？

Point 相手の会話をさらに広げるための定番フレーズ。問い返しをすることで、相手の話を引き出すことができる。

GOOD
04位

全く同感でございます。

 Point 相手の話に同意していることを伝えて、相手が話しやすい雰囲気をつくること。語尾も丁寧に「〜ございます」で締める。

本当ですか？

相手の話を疑っているような印象を与えるので、使わない方が無難。「ええ」なども対等な立場に使う相槌。

いきなり話が変わるんですけど……

目上の相手との会話は、なるべく相手中心に進めること。やむなく話題を変える時は、自然な流れで失礼のないように進める。

と、申しますと？

「言う」の謙譲語は「申す」なので、相手の発言に対して「と申しますと？」というのは、間違いと考えられる。

そうですかね〜。

会話に集中していない印象を与える。相手の話す意欲を盛り上げるような相槌を、上手に使っていこう。

2 相手に共感する

VERY GOOD

01位

田中部長の おっしゃる通りですね。

Point 「言う」を尊敬語の「おっしゃる」に変換しよう。さらに、相槌の行為を行うことで、共感していることが伝わりやすい。

VERY GOOD

02位

ご心痛(しんつう)のほど、 お察しいたします。

Point 相手の気持ちを要約する相槌を打つことで、共感を示せる。大人の定番フレーズなので、覚えておこう。心痛とは心配して深く思い苦しむこと。

GOOD

03位

それは素晴らしいですね。

Point 感想を伝える時は、なるべくプラスの言葉を選ぼう。「はじめて聞きました」「それには驚きです」など、会話に感心を示す態度を忘れずに。

GOOD

04位

私も佐藤課長に同感です。

Point フレーズの頭に「私も〜」「私でも〜」をつけると、さらに深く共感していることを伝えられる。

田中部長の言っている通りだと思いますよ。

目上の人には、尊敬語や謙譲語を使うことを意識して。「お言葉のとおりです」も同様に使えるフレーズなので覚えておこう。

お辛かったんですね。

「辛そうだ」に敬意を含ませる言い方を身につけよう。「ご心痛の深さ、お察しいたします」なども同様に使える。

それはわかるんですけど……

相手に「反論したいのだろうか?」と思わせてしまうフレーズ。反論のネタを探すよりも、同感する部分を探すようにしよう。

私もそう思います。

「同じように感じる」という気持ちを「同感」を使って大人っぽく表現すること。「私もそう存じます」でもOK。

2 相手の良いところを褒める

VERY GOOD 01位
いつも親身(しんみ)になってくださり、ありがたく存じます。

> **Point** 「〜してくれて」は「〜してくださり」と丁寧に表現しよう。相手の気遣いに感謝することで、好感度があがる。

VERY GOOD 02位
**さすが、川田先輩ですね。
(さすがでいらっしゃいますね。)**

> **Point** 気安い相手であれば、目上の人に使えるフレーズ。「さすが」は簡潔に相手を褒め称えることのできる、代表的な言葉。

GOOD 03位
私も山本課長のようになりたいです。

> **Point** 「尊敬している」ということを素直に伝えよう。具体的な行動を指して褒めた方が、より気持ちが伝わりやすい。

GOOD 04位
**いつも髪型、決まっていますね。
(洋服、靴、ネクタイなどでも可)**

> **Point** おしゃれに気遣っている人は、持ち物を褒められると嬉しいもの。相手を数秒観察して、好感を持った部分を褒めよう。

いつも親切にしてくれて、ありがとう。

「ありがとうございます」は「ありがたく存じます」と言い換えれば、敬度が高くなる。目上の人には、とにかく丁寧に伝える努力をすること。

なるほどですね。

ついつい「なるほど」と言ってしまいがちだが、実は目上の人には失礼になる。「なるほど」と言うのであれば、「はい」と言った方が◎。

今まで山本課長のような人に会ったことはありません！

大袈裟すぎる褒め言葉は、逆に嘘っぽく聴こえてしまう可能性がある。褒め過ぎないように加減を考えて。心の温度は適度に伝えよう。

その靴、ヤバいかっこいいですね。

「ヤバい」は若者言葉なので、「とても」「非常に」へと言い換えよう。相手によっては、「ヤバい」を否定的な意味で捉えてしまいがち。

2 相手の仕事内容を褒める

VERY GOOD

01位

勉強させていただきました。

Point 謙譲語の「させていただく」を使い、自分を一段下げることで敬意を示す。「学ばせていただきました」でもGOOD。

VERY GOOD

02位

差し支えなければ、次回も青木様にお願いしたいです。

Point 「ぜひ」の部分を「差支えなければ」と言い換えて、ソフトに次回のお願いを伝える方法。良い仕事の出来と感謝を伝える言葉でもある。

GOOD

03位

佐藤部長の迅速で几帳面の部分、とうてい真似できません。

Point 「真似できません」だけでは敬意が伝わりづらい。頭に副詞の「とうてい」をつけて、フレーズ全体の意味をブラッシュアップする。

GOOD

04位

大変読みやすいプレゼン資料ですね。さすがです。

Point 「さすが」は「予想していた通りの結果で良かった」という意味を含む。目上の人が自分より優れていることを踏まえた表現なので◎。

参考になりました。

目上の人に上から目線の発言はNG。役に立つ話を聞いた時には、相手を持ち上げて話すように心がけよう。参考→上から目線、勉強→下から目線。

また頼みますね。

「頼みます」は目下や対等な立場に使用する言葉。慣れ慣れしい。「お頼み申し上げます」などと言い換えてもよい。

真似できませんよ。
リスペクトします。

具体的に褒めることでリアルな感想になる。褒める部分を絞って、言葉に重みを持たせてみよう。一見格好いいカタカナ語でも、相手に不快を与えることも。

とても読みやすいプレゼン資料ですよ。感心しました。

「感心した」は目下や同等の立場に用いる言葉。目上の人を褒めたつもりで、失礼になってしまわないように注意したい。感心→上から目線、さすが→下から目線。

2 褒められたときに返す

VERY GOOD
01位

ありがとうございます。嬉しさを励みに頑張ります。

Point まずはじめに、褒められたことに対して感謝の気持ちを示す。その後に、「あなたの言葉のおかげで意欲が湧いた」ことを表す言葉を添えよう。

VERY GOOD
02位

お褒めにあずかりまして……

Point 褒めてもらった時は、なんと言っていいか言葉に詰まるもの。「お褒めにあずかりまして」と謙虚な姿勢で言葉をはじめよう。

GOOD
03位

まだまだでございます。この先を期待してください。

Point 「まだまだ未熟者です」という意味を先に伝えよう。「△△さんにご教授いただいたからです」など、相手に感謝を示すのも◎。

GOOD
04位

身に余るお言葉です。

Point 同じように「私にはもったいないお言葉です」など、褒められたことに恐縮している態度を示そう。手紙やメールでも印象アップ。

元気がでます。うれしいっす。

「元気がでる」は「励みになる」と言い換えて、社会人らしく表現しよう。感謝の言葉は先に述べた方が◎。

褒めてもらって……

「褒めていただき〜」と続けるのも敬語表では間違いではないが、「お褒めにあずかりまして」の方が自然。

いや〜、まだまだです。

自意識過剰に感じ取られてしまう可能性がある。褒めてもらった時は、自分を一段下げてから、今後の意欲を示した方がGOOD。

そんなことないですよ〜。

このフレーズを笑いながら言えば、「当然でしょ！」と思っていると取られかねない。一歩引いた、大人の対応をしよう。

誘う

VERY GOOD

01 位

よろしければ……

Point 初対面の相手でも誘いやすい言葉。好印象に誘うことができればOKをもらいやすい。また、「お差し支えなければ」なども同様に使える。

VERY GOOD

02 位

ご都合のよろしい日時をご指定ください。

Point 「都合」を「ご都合」、「いい」を「よろしい」と丁寧に言い換えよう。「いつか行きましょう」などと曖昧に誘わないことがポイント。

GOOD

03 位

ご都合のよろしい場所で結構です。

Point 待ち合わせ場所を決めたい時に使える便利なフレーズ。「大丈夫です」は「結構です」と大人っぽく表現する。

GOOD

04 位

ご一緒できると、うれしいのですが、

Point 「一緒に」の頭に「ご」を付けて丁寧に表現しよう。場所や日時など、こちらが分かっている情報をできる限り伝えよう。

できれば……

「できれば」では敬意が不足してしまう。「よろしかったら」「もしよろしければ」などをフレーズの頭に付けることも効果的。

都合のいい日時はいつでしょうか？

フレーズ全体を丁寧にブラッシュアップしなければ、敬意が伝わらない。相手の都合を考えて、謙虚に誘いたい。

どこでもいいですよ。

相手に、「どこでも別に構いませんよ」と聞こえてしまいがち。「相手の都合の良い場所に合わせる」という気持ちをしっかり伝えよう。

一緒に行きましょうよ。

フランクな誘い言葉は、目下に使う言葉。丁寧に、相手の都合に配慮した誘い方を身につけること。

2 誘いに応じる

VERY GOOD 01位

ありがとうございます。お言葉に甘えさせていただきます。

 Point 恐縮しながら感謝の気持ちを伝える時は、「お言葉に甘えさせていただく」という表現を使おう。

VERY GOOD 02位
お誘いありがとうございます。ぜひ、お供いたします。

Point 誘われたら、先にお礼を伝えること。目上の人と同行することを「お供する」と大人っぽく表現して。

GOOD 03位

喜んでご相伴（しょうばん）させていただきます。

 Point 接待の誘いを受けた時には、「連れ立って行く」という意味の「ご相伴」を用いたい。「ごしょうばん」と読むので注意しよう。

GOOD 04位

あいにく18日は、〜のため、この日以外でご都合のよい日を教えていただけないでしょうか？

 Point せっかくの誘いを断り文句だけですませるのは、いささか印象が悪い。別日を提案して、次に繋げよう。文末は「〜いただけないでしょうか」。

いいんですか？
すいません！

暗い返事を返したのでは、誘った相手の気分を低下させかねない。誘いに乗る際には、明るく返事をした方が吉。

一緒に参ります！

「一緒に行く」ということは、行為の中に相手の行動も含まれる。謙譲語の「参る」を使うと、相手の立場も下げてしまうことに。

一緒に行きます！

「行く」をそのままストレートに言うのは、なんだか頼りない。敬語表現を使い、目上の人が連れても恥ずかしくない人になろう。

その日、ダメなんですよね……

先約が入っていたとしても、相手を優先したい気持ちを伝えること。感謝を述べてから、別日を提案してみる。ダメという言葉がダメです。

COLUMN 2 好感度UPの最強ツール

私は大学の就職講座の中で、人事担当者や面接官に好印象を与えるコミュニケーション術として、デジタル⇒アナログ、PC使用⇒手書き、横書き⇒縦書きをアドバイスしています。

就職氷河期の時代、「どこにでもいるその他大勢」では差別化ができず、印象に残りません。いわゆる「幕の内弁当」です。自分の売りになるPR（弁当の具）を考え、初対面の相手にアピール・営業し、好印象を持ってもらうために「敬語＋手紙＋縦書き」で示すことを授業でも取り入れています。

時代は確かに平成ですが、会社の幹部・役員など、採用の決定権を持っているのは昭和世代、学生の父親世代あたりになります。

日本女子体育大学キャリアセンター事務長の安田伊佐男さんは、長年、学生の進路の相談に携わっており、「ニチジョのお父さん」と呼ばれ、学生のみならず、卒業生や親御さんからも親しまれています。同大学は「就職に強い大学」としても有名で、多くのマスコミにも取り上げられています。そんな安田事務長に「敬語＋手紙」について伺いました。

安田事務長は「ネット社会、メールの時代ですが、手紙で気持ちを伝えるのもひとつの方法だと思います。インターンシップや企業説明会でお世話になった方々や、内定先へのお礼の気持ちを伝える時、メールは確かに便利ですが、やはり心を込めて書いた手書きの手紙は相手に届きます。企業によっては、そのお礼の手紙を人事部内で紹介したというお話を伺ったこともあります。特にそのときに、丁寧な書き方やしっかりとした敬語で書かれていると更に好印象になると思います」とおっしゃいます。

電話は忘れる。メールは消える。しかし、心を込めて書いた手紙は、相手の心に響き、机に残り、部署・会社に広まり、伝染していくのです。これは就職活動だけでなく、ビジネスマンの営業、交渉、商談などの仕事やコミュニケーションのアフターケアにも効果テキメンであるので、実践してもらいたいと思います。

相手や顧客の立場に立った、もらった側が喜ぶ手紙は、ラブレターのように嬉しいものです。「できるか、できないか」ではなく、「やるか、やらないか」というシンプルな行動です。

難しくなく、すぐできる。早速、今日からトライしてほしい秘策です。

お祝い・お礼の場面で

お祝い ································· 50
冠婚葬祭の場で ······················ 52
いただきものへのお礼 ··············· 54
特別なときの感謝 ···················· 56
仕事でお世話になったお礼 ·········· 58

コラム3　社会人として
覚えておきたい丁寧な言い回し ············ 60

3 お祝い

01位 VERY GOOD

気持ちばかりのものですが

Point 「心ばかりのものでございますが」も同じように使えるフレーズ。差し出したものに対して。謙遜する表現。控えめな言い方で伝えよう。

02位 VERY GOOD

ご栄転おめでとうございます。

Point 「栄転」を「ご栄転」として、敬意を表す。「その動詞の主語は誰か」を意識すれば、敬語化しやすい。

03位 GOOD

幾久しくご受納ください。

Point 「幾久しく」はいつまでも変わらないさま。結婚式やパーティで、結納品を手渡す際によく使われる。「お納めいただければ幸いです」などと謙虚に言うのもGOOD。

04位 GOOD

可愛らしいお子さんですね。

Point 出産のお祝いなどで、相手の子供を褒めることも多々ある。「子供」を「お子さん」として敬語表現に改めよう。

つまらないものですが

日本独特の表現で、社交辞令としてよく使われる。間違いではないが、よりプラスの言葉を選んだ方が◎。

昇進したんですね。
おめでたいですね。

目上の人に使うと、上から目線の言葉に聞こえがち。「ご昇進、おめでとうございます」などとも言う。

お納めくださいね。

「もらってよ」というぶしつけなイメージになりがち。「ご笑納いただければ幸いです」など品物を贈る際のフレーズを覚えておこう。

めっちゃイケてる子どもですね〜。

若者ことばはNG。上品な印象に言い換えよう。祝いの席では、場の雰囲気を壊さない言葉遣いが好かれる。

3 冠婚葬祭の場で

VERY GOOD

01位

お招きいただき、ありがとうございます。

Point 「呼んでくれて」の部分を「お招きいただき」と大人っぽく変換しよう。さらに、謙譲語の「いただく」をプラスしてブラッシュアップする。

VERY GOOD

02位

心からお喜び申し上げます。

Point 「申し上げます」を語尾に追加することで、一気に敬意を示す表現に。「心からお祝い申し上げます」でもOK。手紙でもよく使う。

GOOD

03位

このたびは、誠にご愁傷さまでございます。

Point 葬式の場では、より遺族を思いやる気持ちを伝えよう。丁寧すぎるぐらい哀悼の意を述べるのが常識。テッパンフレーズで覚えておきたい。

GOOD

04位

言葉もありません。

Point 「迷う」「浮かばれない」の言葉を使わないように注意したい。「悲しみのあまり言葉もでない」という気持ちを伝えるフレーズ。

呼んでくれて、ありがとう。

パーティなどに招待されたことへの感謝の気持ちを敬語で表現したい。「招いてくれて」に「お」をつけて、敬意を示す。

おめでとう！

いくら勢いよくお祝いの言葉を述べても、フォーマルな場では相応しくはない。上から目線の発言にならないように注意する。

本当に残念です。

軽い言葉で伝えてしまうことは禁物。「生前、大変お世話になりました」など故人への感謝の気持ちを伝えることもある。

言葉も浮かばないほどです。

葬式で「浮かばれない」を使うと、「死者の霊が成仏できない」ということを想起させるので使用しないこと。

3 いただきものへのお礼

VERY GOOD 01位

ありがとうございます。ご丁寧に恐れ入ります。

Point　「すみません」というところを「恐れ入ります」と表現して、感謝の気持ちを伝えよう。文面では「恐縮です」と書く。

VERY GOOD 02位

過分(かぶん)なお志をいただきまして、感謝申し上げます。

Point　自分への祝いの席で、ご祝儀などをもらった時は「過分なお志〜」と相手の気持ちに感謝する。品格アップのフレーズ。

GOOD 03位

どうぞお気遣(きづか)いなさいませんように。

Point　「気を使わないでくださいね」という謙虚な大人の定番フレーズ。相手の家でお茶を出された時にも、「どうぞお気遣いなく」などと使うことも。

GOOD 04位

以前からずっと欲しかったものです。(以前からずっと気になっていたものです。)

Point　食べ物をもらった時には、「一度味わってみたいと思っておりました」でもOK。贈り物を選んだ相手も喜ぶこと間違いナシ。

すいません、いただいちゃって。

まずは感謝の言葉を先に述べたい。「〜しちゃって」などはフランクな間柄で使う言葉。スマートに大人の言葉を使うこと。

お祝いの品、嬉しいです！

社会人として、子供っぽい表現は避けた方がよい。「過分なお心遣いをいただき〜」と表現する場合もある。

いつもすいませんね〜。

相手を気遣う姿勢がないと好感度が下がる。自分宛てに過分なものをもらった時には、謙虚さをもって対応を。LINEメールの感覚で話さない。

これ、欲しかったんですよ〜。

素直に嬉しい言葉を発するのは微笑ましいが、大人っぽい言い方ではない。言葉を丁寧に選んで、感謝の気持ちを過不足なく伝える。

3 特別なときの感謝

VERY GOOD

01位

なんと御礼を申し上げて よいかわかりません。

Point 「感動した」というお礼の気持ちを伝えることができるフレーズ。感謝の気持ちは、すぐに伝えることが大事。

VERY GOOD

02位

お心遣い、嬉しかったです。 感謝申し上げます。

Point 相手の気遣いは「お心遣い」と表現しよう。「感謝します」は「感謝申し上げます」で敬語化する。「深謝申し上げます」も覚えておこう。

GOOD

03位

すっかりお手をわずらわせて しまいまして〜

Point 感謝の気持ちを表す時に、「お手数をおかけします」を違和感のない敬語で表現したい。相手を立てた言い方を身につけよう。

GOOD

04位

大変嬉しく思います。 誠にありがとうございます。

Point 「とても」を「大変」と変換して社会人らしい言葉遣いに。「ありがとうございます」にも「誠に」をつければ、さらに気持ちが伝わる。ベーシックフレーズ。

なんだかすいませんね〜。

せっかく相手が気遣ってくれたことに対して、「すいません」では心が込もっていない。「ありがとうございます」などプラスの表現を。

こんなにしてくれなくて、いいんですよ。

謙遜しているつもりが、逆に相手の気を滅入らせてしまいがち。「嬉しい」という表現をした方が喜ばれる。

大変だったでしょう〜

「大変だったでしょうね」と嫌味に感じ取られてしまうかも。敬語で丁寧に感謝を伝えれば、相手もあなたのためにかけた時間を納得する。

めっちゃ嬉しいですよ！

感謝の言葉は必ず添えたい。自己中心的な表現ではなく、相手中心の表現で好感度がアップする。友達のような言い方はNG。

3 仕事でお世話になったお礼

VERY GOOD

01位

ご尽力いただき、誠にありがとうございます。

Point 相手の努力を敬いたいときは、「ご尽力いただき」を用いる。「誠に」を付けることで、さらに感謝の気持ちを伝えられる。

VERY GOOD

02位

ご指導をいただきまして、誠にありがとうございます。

Point 助言をもらうなどしてサポートを受けた時は、「ご指導」という表現を使おう。「ご指導をいただく」という表現は様々な場面で使える。

GOOD

03位

お力添えのおかげで、事が上手く運びました。

Point 仕事を助けてもらった時は、「お力添えをいただく」という言葉を使おう。協力してもらった結果を伝えるとさらにGOOD。

GOOD

04位

お骨折りいただき、ありがとうございます。

Point 「お世話になりました」と言うよりは、「お骨折りを〜」と言った方が敬意が伝わる。謙譲の意味合いを含む「いただく」を付けて締める。

頑張ってもらって、申し訳ないです。

「頑張る」は尊敬語の「ご尽力」と言い換えよう。「申し訳ない」では、感謝の気持ちが伝わりづらい。上から目線になっている。

アドバイスをもらい、助かりました。

相手によっては、「アドバイス」と言うと軽く聞こえてしまう可能性がある。「もらった」は「いただいた」ときちんと敬語に変換しよう。

協力してもらったおかげで、助かりましたよ。

対等な立場の場合のみ「協力」を使う。しかし、目上の人には「お力添え」という言葉を使った方が敬意を示せる。

ご面倒かけました。

「ご面倒をかける」を「お骨折りいただきまして」と丁寧に言い換えよう。「ご面倒をおかけする」と言い表してもOK。

社会人として覚えておきたい丁寧な言い回し

COLUMN 3

学生時代と社会に出てからの大きな違いは、「言葉づかい」と「マナー」。

1人の社会人として、また企業の一員として、上司や先輩、取引先に失礼のない言葉づかいをマスターすることは、必要不可欠となります。

今まで敬語を意識してこなかった人には難しいかもしれませんが、毎日会話の中に少しずつ敬語を取り入れ、徐々に慣れていけば必ず話すことができるようになります。まずはよく使われる基本的な単語や挨拶などの丁寧な言い方を覚えましょう。

● よく使われる単語の丁寧な言い方

ぼく・おれ・あたし	→	わたくし
私たち	→	わたしども
誰	→	どなた
どこ	→	どちら
こっち	→	こちら
さっき	→	先ほど
あとで	→	のちほど
少し	→	少々
今日（きょう）	→	本日
昨日（きのう）	→	さくじつ
明日（あした）	→	みょうにち
この前	→	先日
会社（自分の）	→	弊社（へいしゃ）、私ども
会社（取引先の）	→	御社（おんしゃ）、貴社（きしゃ）

● 社会人としての挨拶

外出する時	→	行って参ります
帰社した時	→	ただ今戻りました
退社する時	→	お先に失礼いたします
上司が外出する時	→	行ってらっしゃい
上司が帰社した時	→	お疲れさまでした
入退室する時	→	失礼いたします
お礼をする時	→	ありがとうございました
謝る時	→	申し訳ございません
依頼する時	→	恐れ入りますが〜をお願いできませんでしょうか
依頼された時	→	はい、承知いたしました

● 丁寧な語尾の言い回し

〜する	→	します(いたします)
〜してもらう	→	していただきます
〜してくる	→	してきます(して参ります)
〜してもよいか	→	してもよろしいでしょうか
〜しましょう	→	いたしましょう(いたしませんか)
これは〜です	→	こちらは〜でございます
どうする	→	いかがなさいますか(いかがいたしましょう)
ある	→	あります(ございます)
ない	→	ありません(ございません)
わかる	→	かしこまりました

● よく使われる謙譲と尊敬の敬語表現

	謙譲語	尊敬語
行く	まいります うかがいます	いらっしゃいます おいでになります
来る	まいります うかがいます お越しになります	いらっしゃいます お見えになります
いる	おります	いらっしゃいます
する	いたします	なさいます
言う	申します	おっしゃいます
見る	拝見いたします	ご覧になります
聞く	うかがいます うけたまわります	お聞きになります
知る	存じあげます	ご存じです
思う	存じあげます	お思いになります
会う	お目にかかります	お会いします
食べる	いただきます ちょうだいします	召しあがります
読む	拝読します	お読みになります
借りる	拝借します	借りていらっしゃる
もらう	いただきます ちょうだいします	もらわれます お納めになります
くれる	差しあげる	くださいます
買う	買わせていただく	お求めになります
着る	着させていただく	お召しになります

社外での敬語

依頼・お願いをする	64
営業に使う	66
もうひと押しする	68
依頼を引き受ける	70
会社を訪問する（受付で）	72
おいとまするとき	74
人を紹介する	76
来客に応対する	78
コラム4　挨拶の起源	80

4 依頼・お願いをする

VERY GOOD

01位

恐れ入りますが……

Point 「恐れ入ります」は、「申し訳ない」という意味を含む言葉。ビジネスメールでは、「恐縮です」と書くことが多い。

VERY GOOD

02位

お手すきの折にでも、お願い申し上げます。

Point 忙しい相手にソフトに依頼することが大事。「お手すきになられた折にでも」というフレーズも使える。品格・好感アップの敬語。

GOOD

03位

申し訳ありませんが、修正していただけませんでしょうか？

Point 何かを頼む時には、「〜していただけませんか？」と丁重に依頼する癖をつける。尊敬表現を用いれば、頼み事もスムーズに。クッション言葉をつける。

GOOD

04位

お力添えくださいませんでしょうか。

Point 「お力添えいただく」は「手伝ってもらう」の謙譲表現。「くださいませんか」を付け加えれば、手間を取らせる申し訳なさが伝わりやすい。

悪いんですけど……

軽い気持ちで依頼しているように聴こえがちなので注意が必要。依頼する時は、適切なクッション言葉を使おう。

暇な時にお願いしますね。

相手は常に忙しいことを前提に依頼しよう。言葉を選ばないと、「暇な時なんてあるか！」と反発されかねない。

修正できますかね？

目上の人に「〜できますか？」では丁寧さに欠ける。「〜願えませんでしょうか？」も同様に使えるのでチェックしておくこと。

手伝って欲しいんですけど。

「手伝って欲しい」では、相手の都合を考えていない。ぶっきらぼうな依頼をすれば、相手を不快にさせてしまう。

4 営業に使う

VERY GOOD
01位

ハタナカ様とお読みするのですね。

Point 名刺交換をして、先方の名刺の漢字が難しい時には、その場で確認したい。名前を間違えたまま本題に入るのは失礼。

VERY GOOD
02位

お忙しいところ、申し訳ございません。

Point 相手が忙しい中で時間を取ってくれたことに対して、きちんと感謝を伝えること。「忙しい」のは相手なので、「お忙しい」と変換する。

GOOD
03位

これをご縁に、よろしくお願い致します。

Point これからも関係を継続させたい時に、意志を伝えておこう。相手が年下だとしても、丁寧に伝えた方が吉。

GOOD
04位

詳細は、明日（みょうにち）メールさせていただきます。

Point 口頭で話し合った内容は、後日必ず書面で確認を。内容の誤解がないように、お互いに認識を合わせる工夫をする。

へぇ〜、超珍しい名前ですね。

名前は個人によっては、思い入れのあるもの。読み方がわからない時は、「失礼ですが、お名前はなんとお読みすればよろしいでしょうか？」と尋ねる姿勢を。

忙しいところ、悪いですね。

これでは、いささかぶっきらぼう。訪問先では「お忙しいところ〜」という言葉を必ず添えたい。

今後ともよろしく。

フランクな挨拶は、せめてプライベートでの使用に留めて。別れの挨拶も、謙虚な姿勢で行えば次に繋がりやすい。

では、また連絡しますね。

営業先の人には、「すぐに連絡します！」という勢いで伝えたい。「会社に戻りましたら」「明日」など、相手が確認を取りやすいように伝えておこう。

4 もうひと押しする

VERY GOOD

01位

その点について、私の考えを申し上げます。

Point 「言う」を謙譲語の「申し上げる」に変換してみよう。説得したい案件がある時に、使える敬語表現。

VERY GOOD

02位

再度、ご検討くださいませ。

Point 「考える」を「ご検討」に言い換えて丁寧に表す。「お疲れ様でした」の後に、最後のひと押しが効果的。

GOOD

03位

ご覧に入れたい資料がございます。

Point 説得力のある資料などを提示したい時に使える表現。「見せる」は「ご覧に入れる」へと変換して相手を敬って。

GOOD

04位

ご一報くださいますよう、お願い申し上げます。

Point 「簡単な知らせ」を意味する「ご一報」を使ってスマートに。威圧的な態度にならないように注意しよう。

その点について、こちらの考えを言わさせていただきますね。

この場合に謙譲表現の「〜させていただく」を使うと、無礼な印象を与えがち。ひたすらへりくだってから、自分の考えを述べよう。

もうちょっと考えてください。

威圧的な印象を与えてしまう。「結論を出すのは相手」ということを忘れずに、柔らかい表現で伝えよう。

見て欲しい資料があるんです。

「〜して欲しい」では子供っぽくなってしまいがち。また、「聞かせる」場合は「お耳に入れる」と言い換える。

連絡、待ってますね。

連絡をせかすような表現は、相手にとって負担になる。「お願い申し上げます」を付けることで、丁寧さが増してGOOD。

4 依頼を引き受ける

VERY GOOD

01位

ご期待に添えるよう ベストを尽くし頑張ります。

 Point 「ご期待に添えるよう」と一言付け加えるだけで、文章がブラッシュアップされる。電話でもメールでも効果大。

VERY GOOD

02位

全力でやらせていただきます。

Point 何にでも「させていただく」を使うと違和感を覚える人も。相手の許可を得て行う行為のみ、「させていただく」を付けよう。

GOOD

03位

かしこまりました。

Point 「かしこまりました」は接客でも使用される。「承りました」「承知しました」でも、同じように使えるので覚えておこう。

GOOD

04位

いつまでに進めれば よろしいでしょうか?

Point 引き受ける際には、期限の確認をしっかりと行いたい。「前回のような進め方でよろしいでしょうか?」など再確認のフレーズも添えて。

できる限り、頑張ります。

「できる限り」だと、努力をしない印象に捉えられかねない。何かを頼まれた時には、頼りない印象を与えないことがベスト。

一生懸命やらさせていただきます。

間違いやすい「さ入れ」言葉。「〜せていただく」の時に、「さ」を入れる時は注意したい。「一生懸命」は平凡な表現のため、卒業しよう。

わかりました。

「わかりました」は対等な立場で使うフレーズなので、社外では使わない方が◎。たった一言でも、敬語力が試される。

今すぐは難しいですね……。

いくら忙しいからといって、素直に言葉に出すのはNG。対応が難しい場合でも、相手が不快にならない言葉を選びたい。

4 会社を訪問する（受付で）

VERY GOOD

01 位

田中と申します。中村さんはいらっしゃいますか？

> **Point**　「～さんはいますか？」でも、まだフランクな表現。「～さんはいらっしゃいますか？」と、より丁寧に尋ねたい。

VERY GOOD

02 位

お忙しいところ、申し訳ございません。

> **Point**　訪問は、相手の時間を割くことになるので丁寧に表現すること。また、このように詫びることで、時間をもらった感謝の気持ちも伝わりやすい。

GOOD

03 位

恐れ入りますが、お取次ぎ願えますでしょうか？

> **Point**　「～願えますか？」とお願いすることで、丁寧な印象を与える。頭にクッション言葉を付けることを忘れずに。

GOOD

04 位

また伺います。

> **Point**　「来る」の謙譲語は「伺う」。または、「参る」を使って敬意を示す。日常的に使用する頻度が高いので要チェック。

中村さんはおられますか？

まずは自分の名前を名乗ることを忘れずに。「いる」の謙譲語が「おる」なので、社外の人に使うのは失礼になる。

いきなり来ちゃって、すいません。

いきなり来たあげくに、「いきなり来ちゃって」では社会人としてのマナーを問われる。ハキハキと正しい敬語を使おう。

すいませんが、呼んでもらえますか？

「すいません」は「恐れ入ります」と変換する。受付の人にも丁寧に接することを心がけよう。「呼んでもらえますか」は上から目線。

また、来ますから。

受付の人にも、きちんとした敬語で対応すること。こちらも、会社の顔として訪問していることを忘れないようにしたい。

4 おいとまするとき

VERY GOOD
01位

これをご縁に、今後ともどうぞよろしくお願いします。

Point 別れる際は、前向きな言葉で締めくくると印象が良い。「これから」を「今後」に改めるなど、細かいところまで丁寧に。

VERY GOOD
02位

本日は貴重なお時間をいただきまして、誠にありがとうございました。

Point 忙しい相手の時間を取らせるので、定番フレーズとして別れ際によく使われる。「お時間を割いていただき、恐縮です」でもOK。

GOOD
03位

改めて伺います。

Point 別れの挨拶では、次回もこちらから出向くことを伝えたい。いきなり、「それでは」だけでは味気なさすぎる。

GOOD
04位

よろしくおっしゃってください。

Point 「言う」の尊敬語「おっしゃる」を使って、相手に間接的に挨拶をしてもらうようお願いする。語尾は「くださいませ」でも可。

これからもよろしく。

「縁」という言葉を用いることで、奥ゆかしい敬語に変身する。「よろしく」は必ず「よろしくお願いします」と最後までしっかり表現する。

今日は時間とってもらって、すいません。

「すいません」とマイナスな言葉を使うより、「ありがとうございました」とプラスの言葉の方が相手も気分が良い。

また来ますね。

相手のもとに再訪することを意味するので、謙譲語の「伺う」や「参る」を使ってへりくだろう。友達感覚の表現はNG。

よろしくと伝えてくださいね。

「△△さんに、よろしくね」などは別れ際の定番フレーズ。社会人らしい言葉遣いで、好印象で去りたい。

4 人を紹介する

VERY GOOD

01位

（社内の人に社外の人を紹介）
いつもお世話になっている、高田様でいらっしゃいます。

 Point　社内の人に、社外の人を紹介したいときに使えるフレーズ。「いつもお世話になっている〜」とはじめれば、相手の格をあげることに。

GOOD

02位

（社内の人に社外の人を紹介）
私どもの渡辺とは、ご面識がおありですか？

Point　「顔見知りである」は「ご面識がある」と言い換えよう。「私ども」を「手前ども」と表現してもOK。

VERY GOOD

01位

（社外の人に社内の人を紹介）
山崎様、ご紹介させていただきます。開発部の吉田でございます。

Point　社外の人に紹介するときは、「〜部の」などと相手が分かりやすい説明を心がける。社内の人間に敬称はつけず、フレーズ全体で社外の人より下の立場にさせること。

GOOD

02位

（社外の人に社内の人を紹介）
早速ですが、部長の赤西をご紹介させていただきます。

Point　「〜させていただく」という謙譲表現を用いる。社内の人間に敬称をつけたい時は、「部長の〜」などと名前の前につけること。

高田さんです。

人を紹介する時に、これだけでは味気ない。「営業部の〜」「先日お話しました〜」など、相手が認識しやすい一言を。

うちの渡辺さんと知り合いですか？

社内の人間に「〜さん」「〜部長」「〜社長」など敬称は不要。「うちの〜」はプライベートで用いる表現なので、ビジネスシーンでは恥ずかしい。

山崎さん、吉田を紹介しますね。

相手の名前には「〜様」をつけて、敬意を表すこと。「〜させていただく」とへりくだって、相手の立場をあげる謙譲表現を使う。

赤西部長、
こちらが△△社の丸井様です。

人を紹介する時は、紹介する順番も敬意を表す対象に含まれる。社外の人に社内の人を先に紹介するのが基本。

4 来客に応対する

1位 VERY GOOD

失礼ですが、お名前をお伺いしてもよろしいでしょうか？

 Point 名前を聞き返す際は、「失礼ですが」などのクッション言葉でソフトに尋ねること。「恐れ入りますが」でもOK。

2位 VERY GOOD

ようこそ、お越しくださいました。

Point 「ようこそ〜」というフレーズで、敬意を含んだ出迎えの表現になる。出迎えの対応で、会社の品格が問われる。

3位 GOOD

ご足労いただき、恐縮です。

Point 「来てくれて」は「ご足労いただき」「お運びくださり」と丁寧に言い換えよう。「お越しいただき、ありがとうございます」も同様に使ってOK。

4位 GOOD

応接室へご案内いたします。こちらへどうぞ。

Point 「こちらへどうぞ」と指先を合わせて行き先を示す。どこへ向かうかを伝えると、相手も対応しやすい。

お名前を教えてください。

「教えてください」は「お伺いしても〜」と丁寧に表現する。命令口調になると、相手をムッとさせることになりかねない。

いらっしゃいませ。

飲食店などと同じように、「いらっしゃいませ」では会社では敬意不足。「ようこそ、おいでくださいました」という表現も使えるので覚えておこう。

来てもらって、すいません。

来るのは相手なので、「来る」をできるだけ丁寧に伝えよう。わざわざ来てくれた相手に、ねぎらいの言葉をかけることは必須。

応接に案内しますね。
どうぞこっちへ。

「案内する」を謙譲語の「ご案内する」へ変換して。来客の歩く速度を優先しながら誘導しよう。

COLUMN 4 挨拶の起源

挨拶は常識、と言われます。挨拶のできない人間は躾がなってない、人として未熟である……ものごころついた頃から、そんな風に挨拶がいかに大切かを繰り返し説かれ、学校では「挨拶運動」なんてのがあった読者もいると思います。社会人になっても、朝礼で「おはようございます」「ありがとうございます」などと唱和させられる会社もあるでしょう。

　大人は自分が先輩気分を味わいたいがゆえに、あるいは軍隊のように組織の統制をとるために挨拶を強制するんだ。なんて馬鹿らしい！　面倒くさい！　やれと言われたからやるだけだ。そんな風に考えてしまうのは、不健康でしょう。

　というわけで、「なぜ挨拶は大切なのか、なぜ常識なのか」について考えてみましょう。人間行動学的には、挨拶とは「相手に対して敵意がないことのを自ら表明する行為」なのだそうです。例えば、挨拶という行為には、下記のような意味があります。

● 手を振る・握手をする：武器を持っていないことをお互いに確認しあう。
● お辞儀：無防備な態勢をとることで、攻撃する意思がないことを表している。
● 言葉：「こんにちは→今日は→今日の調子はどうですか？」といった具合に、気遣いを示し、動物が本来持っている警戒心を和らげる。日本語であれば、相手への敬意を表現するために敬語が加わる（もちろん、他の国でも敬語に類する言語表現は存在することでしょう）。

　アメリカ人は、こちらが引いてしまうほどアクションが派手です。「ハァ～イ！アキラ!!　ハウアーユ～!?　ハッハッハ～！」と実に能天気に見えるこんな行動にも、きちんと理由があるように思われます。アメリカという国は、人種・文化・宗教・思想の入り混じった国で、そういった人々が共存していくためには、何よりまず、相手に敵意を感じさせてはならないのです。挨拶が身を守る術となっているというわけです。

　たまたまアメリカの派手なアクションを取り上げましたが、挨拶というのはつまり、違う個性同士が共存するために人類が考え

出した文化の1つなのです。
　昨今では「個人主義」「フェアな取引」がもてはやされることが多いです。それは決して悪いことではないのですが、もしあなたが本当にその主義を貫きたいのなら、なおさら挨拶は重要になります。挨拶をしないということは、敵意を持っていると思われても仕方のないことだからです。自分に敵意を持つ者の主張を受け入れる人など存在しません。どんなに文明が進化しようとも、自らの意見を通し、対等な取引をするために、コミュニケーションは欠かせないのです。
　やはり一流の人は挨拶も一流です。社会的地位のある人でも、まれに、相手によって挨拶を極端に変える人もいます。申し訳ないですが、そういう人はその肩書きを目当てにされているだけだと思います。きちんとした挨拶のできる人は、他者を認識できる＝他者の存在を大切にできる人と言い換えることもできるかもしれません。少なくとも私は、そういう人と取引をさせてもらいたいと思います。
　挨拶というのは、「他者を認識し（自分の存在を伝え）」「敵意を持っていないことを表明する」行為という、全人類の常識と言えるでしょう。あなた自身が他者を無視し、自分の存在を伝えないのは勝手ですが、挨拶をしないことで不愉快になるのは相手であるということを忘れてはなりません。あなたが挨拶を怠った瞬間、相手に「無視されてる？」「敵意を持たれている？」「この人は全人類の常識を知らない人？」と思われても仕方がありません。相手を不愉快にさせないことが道徳だということは、説明するまでもないでしょう。
　挨拶はしなくてはならないものではありません。しかし「相手を不愉快にさせず」、かつ「自分の身を守る」ために、挨拶というものは存在しています。転じて、それがスムーズなコミュニケーションの導入となっているのです。そのカラクリが分かったら、今まで「面倒くさい」と思っていたことも多少は納得のいくものになったのではないでしょうか？
　正直、挨拶をしたくない相手もいることでしょう。そんなときこそ「これは強制じゃない。身を守る、自分のための行為なのだ」と思い出してほしいものです。もちろん、親しくなりたい人には、心のこもった挨拶ができるようにならないといけません。それが自分の存在をより認知してもらうための入口なのですから。

社内での敬語

会議を仕切る ································· 84
会議を締める ································· 86
提案・プレゼン・アピールする ············· 88
途中経過を報告する ·························· 90
悪い結果を報告する ·························· 92
仕事を教える ································· 94
指示を出す ···································· 96
指示を求める・質問する ····················· 98
ねぎらう ······································· 100
ミスをした後輩を励ます ··················· 102

コラム5　社内での挨拶の重要性 ········ 104

5 会議を仕切る

VERY GOOD

01位

本日はお忙しいところお集まりいただき、ありがとうございます。

Point 「今日は忙しい中集まってくれて〜」をすべて丁寧に言い換えた形。「〜していただき」でへりくだる。

VERY GOOD

02位

ご質問がある方は、いらっしゃいますか？

Point 会議の進行役が意見を促す時によく使うフレーズ。「いますか」を「いらっしゃいます」と丁寧に変換して、ソフトに尋ねよう。

GOOD

03位

会議の進行にご協力をお願いします。

Point 会議の進行中にざわつき始めたら、このような発言で参加者に依頼する。また私語が目立つ場合にも効果的。

GOOD

04位

続きまして第三部に進ませていただきます。

Point こちらが話をすすめたいのであれば、「進ませて」と表現する。間違いやすいので、ちょっとした言い回しも注意が必要。

それでは始めます。

会議を始める前には、参加者たちに時間を取ってくれた感謝を伝えよう。参加者たちは忙しい中集まっているので、スムーズに進めること。

質問がある人は、だれかいますか？

会議の進行役は、主導権を握って円滑に進むように心がけよう。特定の人に意見を聞きたい時は、「△△さん、いかがですか？」と相手の名前を入れる。

静粛に。

命令口調は反感を買うだけ。「ご協力をお願いします」と下から目線で依頼する形をとること。マイナスの印象を与えるNGワード。

次に進まさせていただきます。

とっさの時に発言しようとすると、「あれ？これは敬語になっている？」と戸惑いがち。日頃から敬語を話す癖をつけること。

5 会議を締める

VERY GOOD
01 位

本日は時間がございませんので……

Point 「今日」は「本日」、「ない」は「ございません」と丁寧に言い換えよう。終了時間が迫った時に使えるフレーズ。

VERY GOOD
02 位

本日は貴重な意見を伺うことができました。

Point 「聞く」は「伺う」を使って謙譲語に改める。「貴重な意見を〜」と伝えると、会議が有意義だったことを示せる。

GOOD
03 位

おかげさまで中身の濃い会議となりました。

Point 「おかげさまで〜」というフレーズを加えると、相手をねぎらう意味も加えられる。プラスの表現で会議を締めくくろう。

GOOD
04 位

本日決定したことを、念のため復唱(ふくしょう)させていただきます。

Point 電話対応でよく使われるフレーズは、実は会議でも使える。認識違いを防ぐためにも、しっかりとした内容確認をしよう。

もう時間がないんで……

「もう時間が〜」という表現は幼稚に聞こえがち。司会進行で敬語を上手く使えると、場が上手く引き締まる。

今日は良い意見を聞くことができました。

「今日」を「本日」と言い換えると丁重な印象になって◎。「貴重な意見」の他に、「素晴らしい意見」でもOK。

そろそろ時間なので終わります。

そっけない言葉で締めると、会議全体のイメージが低下する恐れがある。会議に意味付けするフレーズで、参加者に感謝の気持ちを伝えよう。

今日決まったことを確認しますね。

「確認する」は「復唱させていただく」と謙譲表現で、下から目線を心がけよう。次回までの課題を確認するもの◎。

5 提案・プレゼン・アピールする

VERY GOOD

01位

ご静聴、誠にありがとうございます。

会議での提案や、プレゼンの最後に使えるフレーズ。「誠に〜」と付け加えると、感謝の気持ちがグレードアップ。

VERY GOOD

02位

以下、コストの点について、ご説明いたします。

伝えたい用件を指して「〜の点について」と表現すれば、社会人らしい表現になる。説明する前に宣言すれば、相手は身構えやすい。

GOOD

03位

お忙しいところお集まりいただき、ありがとうございます。

双方が集まる場を設けた人は、開催する前に「お忙しいところ〜」と参加者に謝意と感謝を伝えるのが基本。

GOOD

04位

最後にご意見を伺います。

相手が意見する立場なので、「ご意見」と表現すること。提案などで一方通行にならないように、相手の意見を取り入れる姿勢を持つ。

ご拝聴、ありがとうございます。

「拝聴」は相手の話を聞く場合にへりくだって言う場合に使う。漢字が似ているので注意したい。

コストを説明しますね。

行為の対象が目上の人の場合は、「説明」を「ご説明」と表現してもOK。念のため、「いたします」「申し上げます」とへりくだっておこう。

忙しいところ集まってもらって、すいません。

「忙しい」のも「集まる」のも相手なので、それぞれに「お」をつけて敬意を表現すること。

手を挙げて。意見は何かありますか？

「何かありますか？」では上から目線と感じられてしまう。「伺う」という「聞く」の謙譲語で、上手に表現しよう。命令口調は不快を与える。

5 途中経過を報告する

VERY GOOD
01位

ご指示をいただきましたプレゼン資料は、金曜午前中までに仕上げて提出いたします。

Point　「指示された」では「しょうがなく」という印象を与えがち。提出の日時をはっきり伝えることで、相手も動きやすい。午前中、夕方まで……など。

VERY GOOD
02位

営業受注につきまして、先方からの連絡待ちで、明日までには結論が出ます。

Point　「～について」は「～につきましては」とすると大人っぽい表現になる。相手が状況を把握しやすいように、仕事の一区切りで報告を欠かさずに。

GOOD
03位

お疲れさまです。ひとこと、先日の案件につきましてご報告をさせてください。

Point　「報告する」は「ご報告をさせていただく」でへりくだった表現に変身する。用件をなるべく簡潔に伝えること。

GOOD
04位

先ほど資料作成が終わりましたので、お目通しを願えますでしょうか？

Point　「見てもらう」は「お目通し」という表現でブラッシュアップ。「～願えますでしょうか？」で相手の都合を考慮した伝え方になる。

指示された資料ですけど、もう少しでできますよ。

「もう少し」「あとちょっと」などの曖昧な表現は誤解のもと。相手がわかりやすいように、具体的に丁寧に伝えること。

あっちからの連絡待ちで、明日までにはわかると思いますよ。

「あっち」「こっち」などの曖昧な指示語はNG。また、「〜だと思います」などの確定しない事柄も相手を混乱させる。

あの〜、ちょっと報告したいんですけど……

はっきりしない態度が、忙しい相手をイライラさせてしまうこともある。「お忙しいところ申し訳ございません」などの気遣うフレーズを会話の中に挟もう。

さっきの資料ができたんで、見てもらえますか？

「さっき」は「先ほど」と言い換えよう。途中経過を伝えることで、相手に安心感を伝える効果がある。「見てもらえますか」は上から目線。

5 悪い結果を報告する

VERY GOOD 01 位

今後はこのようなことのないように善処致します。

Point　悪い報告をする時は、同じミスを繰り返さない姿勢を示すこと。「〜ようにいたします」でへりくだった表現になる。

VERY GOOD 02 位

面目次第もございません。

Point　こちらの失敗の結果、恥ずかしくて顔向けできない場合などは「面目次第も〜」というフレーズを伝える。面目とは世間や周囲に対する立場・評価。

GOOD 03 位

この度、伊藤のミスについて大変申し訳ございません。

Point　社内の人を社外に説明する時は、社内の人に「〜さん」は絶対につけないように。「大変」をつけることで、詫びていることを強く伝える。

GOOD 04 位

不徳のいたすところでございます。

Point　自分のミスのせいで起こったことは「不徳のいたす」と表現する。お詫びする時に、よく使われるフレーズ。

これからは注意しますので……

　　　「本当に大丈夫なの？」と相手を不安にさせてしまう。
「これから」を「今後」に改めるなど、細部まで工夫し
て表現する。

面目(めんぼく)ないです。

　　　「面目ないです」だけでは、敬意が伝わらない。語尾
に「ございません」と追加しながら、謙虚な姿勢を示
すこと。

伊藤さんがミスしてしまい、すいません。

　　　「すみません」では相手への謝罪の気持ちが伝わりづ
らい。「すみません」は「失礼いたしました」でも可能。

私のせいです……

　　　「私のせい」だけでは、相手に謝意が伝わりにくい。
結論と対応策をしっかり伝えて、相手が対応しやすい
ようにすること。

5 仕事を教える

1位 VERY GOOD

この業務の進め方には、2点のポイントがありますので、福田さんに伝えます。

Point 部下にも適度な敬語表現を交えながら伝えたい。「2点ポイントが〜」など数字を入れながら説明すると分かりやすい。

2位 VERY GOOD

参考までに、私がこの仕事をうまくできたコツを教えます。

Point 「私が〜」などの、「私」を主語にした表現を「I(アイ)メッセージ」で伝えてみよう。相手を批判していない表現を使うのがポイント。

3位 GOOD

このようにすれば早くできます。わからないことがあれば質問してくれますか?

Point 「こう」を「このように」と言い換えて、なるべく丁寧な表現に変換。丁寧な言葉遣いが、上司としての印象をアップさせる。

4位 GOOD

ポイントを忘れないように、メモを取りながら聞いていただければと思います。

Point 「〜していただく」とへりくだることで、相手の行為を促す効果がある。行為を促す理由を付け加えれば、相手も納得する。

福田さん、この業務にはポイントがあるんだけど〜

「あるんだけど」を「ありますので」と言い換えると、柔らかい表現になる。相手を威圧しないことで、相手も萎縮せずに業務ができる。

ご参考までに、この仕事がうまくできましたコツは〜

「ご参考までに」という表現は目上に使う言葉。部下に仰々しい敬語を使うと、かえって違和感を抱かせる可能性がある。

こうすれば早くできるんじゃないかな。わからないことがあったら何でも聞いてね。

慣れ慣れしい言い方は相手に不快な印象を与える。ソフトな表現にしよう。

メモとってよ。

仕事場では、部下であっても仕事のパートナーなので攻撃的な発言は厳禁。「手間を取らせて申し訳ないのだけれど」などと相手を気遣う発言を加えても◎。

5 指示を出す

VERY GOOD

01位

～してもらえますか。
(～していただけますか。)

> Point 目下の人に指示を出すときでも、丁寧な表現は忘れないようにしたい。命令口調ではなく、依頼する形がベスト。

VERY GOOD

02位

退社間際に大変申し訳ないのだけど……

> Point 後輩に「ごめんね」と伝えるよりは、「申し訳ないのだけど……」と丁寧に伝えた方が◎。こちらの立場が上だとしても、謙虚さがあれば好感度があがる。

GOOD

03位

コピーを10部
お願いできますか。

> Point 社内での依頼は、常に「疑問形」の形で尋ねることがポイント。部数や期限など、なるべく詳細に伝える工夫が欲しい。

GOOD

04位

少し手を加えては
いかがでしょう？

> Point 「～してください」でも命令口調だと感じ取られる可能性がある。「～してはいかが？」と提案する形がベスト。

とりあえず、やっておいて。

依頼された側は、「何を、いつまでに」やればいいのか困ってしまう。依頼する時には、伝えられる情報はなるべく伝えること。

今日、残業できるよね？

相手に強制させるような言い方は×。「あなたのスケジュールを尊重しますけど〜」という意味を含んだ表現の方が良い。

悪いけどコピー、とっておいて。

いくら自分が忙しいからといって、相手が暇だとは限らない。ぶっきらぼうな態度は反発を招く要因。

すぐにやり直してください！

ストレートに修正を依頼すると、相手の意欲を削ぐことにもなりかねない。「期待しているね」などの相手の立場に立った指示出しをしたい。

5 指示を求める・質問する

VERY GOOD 01位

お忙しいところ、誠に申し訳ございません。

Point　「すみませんが〜」では目上の人に敬意が伝わらない。「恐れ入りますが〜」と切り出して、恐縮していることを示そう。

VERY GOOD 02位

〜していただけるとありがたいのですが

Point　「〜してくれる」は「〜していただける」と言い改めて、自分を一段下げる。依頼する時の定番句なので覚えておきたい。

GOOD 03位

△△の点について、お知恵を拝借(はいしゃく)したいのですが

Point　「知恵を借りる」を「拝借する」と謙譲表現に改める。相手の「知恵」なので、「お知恵」と名詞に「お」をつける。

GOOD 04位

こちらの資料をご覧いただけますか。

Point　企画書などの資料を目上の人に手渡す時に使える。「見る」を「ご覧になる」と尊敬語へと変換しよう。「この」→「こちら」に変える。

すみませんが、今いいっすか？

何かを依頼する時は、いつでも相手が忙しいことを心得ておこう。依頼する内容をいきなり言わず、「お忙しいところ〜」と切り出して確認する。

〜してくれると助かるんですけど……

「うれしい」は「有難い」と変換して、上品な表現にしてみよう。こちらの要望に対して相手がOKを出すために、謙虚な姿勢が大事。

わからないので、教えてもらえませんか？

どこが、どのように分からないのか具体的に伝えること。教えて欲しい点を明確に伝えることで、相手も教えやすい。

この資料を見てくれませんか。

「〜してくれませんか」は丁寧な表現ではあるが、敬意を示すことは難しい。「〜いただく」と謙譲表現を使えば、へりくだることが可能。

5 ねぎらう

1位 VERY GOOD

昨日は残業お疲れさまでした。夜遅くまで頑張っていましたね。

Point 頑張った相手に対して、丁寧なねぎらいの言葉をかけたい。「頑張っていたね」などの言葉をかけられると、部下は嬉しいもの。

2位 VERY GOOD

入社1年目とは思えない、営業の粘りと根気があり、仕事に対する素晴らしい姿勢ですね。

Point 相手を褒める時は、具体的にどの点を評価しているかと伝えよう。「素晴らしい」などの賞賛の言葉を盛り込むと◎。

3位 GOOD

最近、新しい視点、着眼点で仕事ができるようになりましたね。

Point 前よりもできることに注目した褒め方は、やる気を生み出す。具体的に褒めることを心がけよう。できる上司のテッパンフレーズ。

4位 GOOD

納期より早めに仕上げていただき、助かりました。山崎さんにお願いして良かったです。

Point 「仕上げていただき」と相手の立場を尊重した話し方は◎。「任せてよかった」と言われたら、次回も相手が頑張れる。

昨日の残業、お疲れさん。夜遅くまで残っていたみたいな感じでしょ。

「〜みたいな」「感じ」などは若者言葉に分類される。上司が若者言葉を使うと、頼りない印象になってしまう。

なかなかやるね〜。なにげに営業向いているんじゃないの。

「なかなか」など、相手に対して以前からの評価を低めて伝える表現はしないこと。また、「なにげに」は若者言葉なので要注意。

最近、イイ感じで仕事してるじゃん。

「イイ感じ」などは、曖昧な表現なので使用しないこと。「〜じゃん」などの語尾も幼稚過ぎる。聞く方はイヤな感じです。

納期前に出してくれてよかった〜。山崎ちゃんに任せた甲斐があったよ！ どうも。

こちらの感想のみでは、ねぎらいの言葉にならない。勢いよく伝えるよりも、丁寧に伝えた方が好感度があがる。仕事中、女性に「ちゃん」づけはNG。

5 ミスをした後輩を励ます

VERY GOOD 01位

私でよければ、何でも相談に乗ります。私も以前、同じように失敗ばかりしてきたので、お気持ちは良く分かります。

Point 相手の気持ちに寄り添った、丁寧な言葉を選びたい。「同じ失敗をした」ということを伝えると、相手も自信を失いにくい。

VERY GOOD 02位

済んだことは、致し方ないので、今後のフォローを一緒に考えていきましょう。

Point 「一緒に〜する」という表現で、相手に寄り添う姿勢を示せる。「しょうがない」は「致し方ない」に変換して。

GOOD 03位

誰にでもミスはつきものです。ベストを尽くしたのですから、あまり落ち込まず、次に向かいましょう。

Point 「頑張った」は「ベストを尽くした」と言い換えれば社会人らしい言葉遣いになる。「誰にでも〜」で相手を責めない姿勢を示せる。

GOOD 04位

完璧にできる人なんていないから、気持ちを切り替えてまた明日から全力を尽くしてがんばりましょう。

Point 「頑張れ」などの一言フレーズだけでなく、やる気を出す意味を付け加えてあげるとわかりやすい。先輩の上から目線→仲間の横から目線。

私で良ければ話を聞くよ。佐々木ちゃんの気持ちわかるかも。

「〜かも」などの曖昧な言葉で濁すと、信頼感が低くなる。相当親しくない限りは、「〜ちゃん」と呼ばない方が良い。

済んだことはしょうがないよ！

ミスを励ますのは難しいもの。相手がなるべく落ち込まないように、今後の対応策を優しく伝えたい。過去より未来に目を向けていく。

頑張ったんだから落ち込まないで！これからはミスしないように、頑張ってね。

励ましたつもりで「落ち込まないで」「頑張って」と表現すると、相手によっては威圧的に捉えられてしまう。

また明日から頑張ればいいと思うんだけど……ドンマイ！

「え？　なんで落ち込んでいるの？」と批判しているような表現に。こちらから自信を持って励ますことで、相手も元気が出やすい。

COLUMN 5 社内での挨拶の重要性

社外の人と接する時、言うまでもなく重要なのが「挨拶」です。しかし、会社内では、自分のホームグラウンドということでうっかり忘れてしまっていないでしょうか？

実は、社内でのちょっとした「挨拶」への気配りこそが、職場での人間関係などを円滑にする大切な要素になります。日常的に接する人たち同士だからこそ、「挨拶」をきっかけに良い関係を構築していきたいものです。

そもそも、なぜ「挨拶」が重要なのでしょうか。それは、「挨拶」が持つ2つの性質に起因します。

第1に、挨拶は相手に対する「感謝と尊敬」を表すものです。短い一言のやりとりであっても、相手に対する感謝と尊敬の気持ちがあってこそ、気持ちよい挨拶ができるのです。

第2に、ビジネスにおける挨拶は「オンとオフの切り替え」をする働きを持っています。朝夕の挨拶や会議の開始と終了など、節目でしっかり挨拶をすることで、その場にいる全員の気持ちの切り替えを促進できるのです。

社内には、社長や役員などの経営陣から、自分の上司や部下などさまざまな年齢・立場の人たちがいます。ここで必要とされるのは、「状況や相手によって適切に言い換えること」です。以下に、簡単な例を挙げてみましょう。

まずは、朝の挨拶。部下に対しては「おはよう」と気軽な形でも問題ないですが、上司（目上の人）に対しては、「おはようございます」などと使いわける必要があります。自分から率先して挨拶することで、差をつけましょう。

2つ目として、仕事中や外出帰り、廊下等ですれ違った時の挨拶は、「お疲れさまです／お疲れさまでございます」。類似したものに、「ご苦労様です」という言葉がありますが、これは目上の人が目下の人に使う言葉ですので、若手のうちはNGと言えるでしょう。「〜ございます」を添えることで、より丁寧に気持ちを伝えることができます。状況に応じて使っていきましょう。

昨今、こうした日常的な挨拶、最低限の挨拶ができない人が増えていると言われます。その原因としては、挨拶をすることによ

る失敗（敬語や言い方の失敗、相手の反応）が怖い、改まりすぎているようで恥ずかしいといったものが考えられます。

しかし、ビジネスでは「ABCD＝あ(A)たりまえのことを馬(B)鹿にせずにちゃ(C)んとで(D)きる」が基本です。相手にどう思われるかを気にして、一言が出ないほうが損なのです。

自分のホームグラウンドである社内で、相手への感謝・尊敬の心という、いい意味での「下から目線」に基づいた挨拶をまず実践してみましょう。

電話応対の敬語

電話をかける	108
電話を受ける	110
人に取り次ぐ	112
不在を伝える	114
伝言を受ける	116

コラム6　すぐに使える
敬語の単語帳 …………………… 118

6 電話をかける

VERY GOOD

01位

いま、お電話2〜3分よろしいでしょうか?

Point こちらから電話をかけた時には、必ず相手の状況を気遣うこと。「よろしいでしょうか」と伝えれば、敬意が表現できる。時間も添えるとベター。

VERY GOOD

02位

たびたび恐れ入ります。

Point 急用などで2回以上電話をかけた時には、「たびたび恐れ入ります」と謝罪すること。「すみません」を「恐れ入ります」すれば、大人っぽいフレーズに。

GOOD

03位

慌ただしくて、申し訳ございません。

Point 自分が出先にいたり、社内でバタついていたりする時に電話をかける時のフレーズ。先に謝意を述べることで、その後はスムーズに話しやすい。

GOOD

04位

改めてお電話差し上げます。

Point 「また」は「改めて」と丁寧に言い換えよう。「お電話差し上げます」は「電話する」を丁寧にした形となり使用頻度が高い。

もしもし実は〜

　こちらから電話をかけて、いきなり話始めるのはNG。
特に携帯電話だと、相手が出先の可能性がある。「もしもし」はビジネスに不適切。

またかけちゃってすいません。

　電話口では、相手の顔色を見ることはできない。謙虚さを表現するならば、適切な敬語を選ぶように。

バタバタして、すいません〜。

　忙しいからいって、「バタバタ」という幼稚な言葉は避けたいところ。カタカナ語を上品な敬語に変換していこう。

また、電話しますね！

　こちらから電話をかけて切る際に、何と言っていいのか分からない時には「改めて〜」のフレーズで。爽やかに切電すること。

電話を受ける

VERY GOOD
01位

はい、恵比寿社でございます。

 Point 電話を受けた際は3コール以内で受話器を取りたい。朝の10時までは「おはようございます」で話し始めよう。

VERY GOOD
02位

失礼ですが、どちら様でしょうか？

 Point はじめての挨拶は、フルネームでしっかり名乗ろう。名刺名を渡すときに、しっかりと自己紹介できれば丁寧な印象を与える。

GOOD
03位

お電話が遠いようですが。

Point 相手が小声で聞こえづらかったとしても、電話の調子のせいにすること。相手に婉曲的に伝えれば、失礼がない。

GOOD
04位

かしこまりました。ただいま島田におつなぎします。

Point 「かわります」を「おつなぎします」と言い換えて謙譲表現に改めよう。「かしこまりました」と言えば、ビジネスシーンにふさわしい返答となる。

もしもし、恵比寿社ですけど。

「もしもし」をつい言ってしまいがちだが、会社の電話では不適切。スマートな電話対応を心がけて。

おたく様はどなたですか？

ややぶっきらぼうな表現。顔の見えない相手だからこそ、対面での対応以上にマナーに注意しよう。

声がよく聞こえないんですけど。

ストレートな表現は、相手を不快にさせる可能性が高い。続けて、「もう一度、おっしゃっていただけませんか？」と続ける。

わかりました。島田部長に代わりますので。

社外の人に対して説明する時、社内の人間に敬称は付けない。呼び捨てか、「部長の田中」などと言う。

6 人に取り次ぐ

01位 VERY GOOD

営業の三井でございますね。少々お待ちいただけますか？

Point 取り次ぐ人を間違えないように、必ず名前の確認を。保留ボタンを押す前に、「少々お待ちいただけますか？」など保留する旨を伝えよう。

02位 VERY GOOD

今一度、お名前をお聞かせいただけますでしょうか？

Point 「お聞かせいただきたい」とへりくだって、相手に名前を促す聞き方。なるべく名前を聞き返すことの無いように、最初にしっかり聞き取りたいところ。

03位 GOOD

加藤は別の電話に出ておりますが……

Point 「出ております」という敬語を使えば、へりくだった表現になる。「こちらから折り返しましょうか」などと続けて、相手の負担を減らす。

04位 GOOD

どの者におつなぎしましょうか。

Point 「つなげますか」を「おつなぎしましょうか」と丁寧に表現する。同じ苗字がいる場合は、「下の名前はおわかりでしょうか」など追加で尋ねよう。

はい、すぐ代わりますね。

「はい」を使うのであれば、「かしこまりました」の方がベスト。いきなり保留にすると相手がびっくりする。

はい？　もう一度名前いいですか？

「はい？」と聞き返すのも社外の人にとっては失礼になる。「名前」を「お名前」など丁寧に聞き返したい。

加藤は……えっと……電話中ですね。

指定された人が電話中だとわかった時は、はっきり伝えよう。こちらが戸惑うと、相手も対応に困ってしまう。

どなたにつなぎましょうか。

間違えやすいが、「どなた」は尊敬語。社外に社内の人を伝える時は、社内の人に尊敬語は用いないこと。

6 不在を伝える

01位 VERY GOOD

佐藤はただいま席をはずしております。

Point 呼び出された人が不在の時に使う基本のフレーズ。「席におりません」と否定形の表現は感じが悪いので「はずしております」でOK。

02位 VERY GOOD

あいにく外出しております。15時に戻る予定です。

Point 頭に「あいにく」とクッション言葉をつけることで、ソフトな印象になる。「〜時に戻ります」と伝えれば、相手も対応しやすい。

03位 GOOD

こちらで連絡をとりまして、ご連絡差し上げましょうか。

Point 間違っても、「こちらでご連絡を〜」として自分の立場を上にしないこと。「連絡する」を「ご連絡差し上げる」と改めて相手を敬おう。

04位 GOOD

申し訳ございませんが、黒田は休みをとっております。

Point 社内の人間を社外に説明する場合は、謙譲して表現したい。社内の人間が休むので「お休み」とはしない。

佐藤はいま、
△△社に行っていまして……

社内の人を呼びだして欲しいと言われた時に、詳細を伝える必要はナシ。「こちらから折り返しましょうか」など気遣いを見せたい。

外出しているんですよね。

「外出しているので、かけ直してくださいよ」などは、ぶっきらぼうなイメージを与えがち。電話してくれたことに対して、申し訳なさを伝えること。

携帯の電話番号は〜

「携帯の電話番号を教えてください」と言われた時は、本人に確認してから教えること。社外の人に情報を伝える時は慎重に。

黒田部長は長期のお休みです。

社内の人間を説明する時に敬称はつけないように注意する。頭に「申し訳ございませんが〜」「恐れ入りますが〜」などクッション言葉をつけよう。

6 伝言を受ける

VERY GOOD
01位

それでは復唱させていただきます。

 Point 相手から伝言を受けた際は、間違いがないように用件を繰り返して確認する。謙譲語の「〜させていただく」を使って、へりくだること。

VERY GOOD
02位

工藤が承りました。

 Point もしも伝言が上手く伝わらなかった時のために、伝言を受けた自分の名前を名乗っておこう。責任の所在を伝えることで相手が安心する。

GOOD
03位

かしこまりました。

Point 「かしこまりました」は大人の返事の仕方。丁寧な印象を与えるだけでなく、「この人なら伝言を任せて安心だ」というイメージを与えられる。

GOOD
04位

もう一度仰っていただけませんか。

Point 「言う」の尊敬語は「仰る」。命令口調にならないように、「〜してくださいませんか」とソフトにお願いしてみよう。

念のため確認しますね。

フランクな電話対応は相手を不快にさせる可能性が高い。数字や日時などを確認する場合、わかりやすいように「4」を「ヨン」、「7」を「ナナ」などで確認を。

それでは、失礼します。

電話のクロージングでは、いきなり切電するのはNG。「たしかに申し伝えます」など相手をほっとさせる一言が欲しい。

了解です。

「了解」は目下の立場に「OKですよ」と伝える場合に用いる。取引先や目上の人に使うのは失礼となる。メールでも「リョーカイ！」としないように。

聞こえません。
もう一度言ってください。

謙譲語の「〜していただく」を効果的に使って、こちらの立場を下げること。伝言内容は曖昧にしないように、きちんと確認しよう。

COLUMN 6 すぐに使える敬語の単語帳

知っているようで意外にわからない名詞、動詞の敬語、丁寧な言い方。読み方、漢字にも注意しながら確認してみましょう。

●名詞編
・夫
(尊敬語) ご主人・だんな様
(謙譲語) 夫・主人

・妻
(尊敬語) 奥様
(謙譲語) 女房・妻・家内

・両親
(尊敬語) ご両親様、お父様・ご尊父様、お母様・ご母堂様
(謙譲語) 両親、父、母

・祖父母
(尊敬語) ご祖父様、ご祖母様
(謙譲語) 祖父、祖母

・息子
(尊敬語) ご子息、ご令息、ご愛息、坊ちゃん
(謙譲語) 息子、せがれ

・娘
(尊敬語) ご令嬢、お嬢様、ご愛娘
(謙譲語) 娘

・家族
(尊敬語) ご家族様、皆々様
(謙譲語) 家族一同、一族、当族、私ども

・兄弟

(尊敬語) ご令兄様、ご令姉様
(謙譲語) 兄、姉、妹、弟

・個人
(尊敬語) あなた様
(謙譲語) 私、当方、私議、こちら

・会社
(尊敬語) 貴社、貴店、御社
(謙譲語) 弊社、小社、小店、当社

・住居
(尊敬語) 貴家、お宅
(謙譲語) 拙宅、小宅、当宅

・土地
(尊敬語) 御地、貴地
(謙譲語) 当方、当地

・品物
(尊敬語) 結構なお品、佳品
(謙譲語) 粗品、寸志、粗菓

・宴会
(尊敬語) ご盛会
(謙譲語) 小宴

●動詞編
・あげる
「差し上げる」

・謝る(失礼を)
「申し訳ない」「お詫びの言葉もございません」

・謝る(ミスを)
「陳謝する」

・会う(相手が)
「お会いになる」

・案内する
「ご案内いたす」

・言う(相手が)
「おっしゃる」「ご指摘の通り」

・言う(自分が)
「申しあげる」

・いる
「いらっしゃる」

・いない
「外しておる」

・一緒に行く
「ご同行する」

・行く
「伺う」

・祝う
「おめでとうございます」「心からお祝い申し上げます」

・送る
「お送りする」「送付させていただく」

・思う
「存じる」

・教えてもらう
「教えていただく」「お力添え」

・嬉しく思う
「うれしゅうございます」「光栄に存じます」

・受け取る(相手が)
「お受け取りになる」

・教える
「ご説明する」

・思いつかない
「考えが足りない」「考えが及ばない」

・お礼を伝える
「ご指導のおかげ」

・帰る(自分が)
「失礼させていただく」「おいとまする」

・帰る(相手が)
「お帰りになる」

・借りる
「拝借する」

・頑張る
「ご期待に沿えるよう」

・感謝する
「感謝申し上げる」「お褒めにあずかり」

・感心する
「さすがです」「勉強になる」

・気に入る(相手が)
「お気に召す」

・着る(相手が)
「お召しになる」「お召し物」

・気にする(相手が)
「行き届いたお心配り」

・来てもらう
「お越しいただく」「ご足労願う」

・来る（相手が）
「おいでいただく」

・元気が出る
「励みになる」

・謙遜する
「恐縮です」「痛み入ります」

・ごちそうになる
「おもてなしをいただく」「思わぬ散財をおかけいたす」

・困る
「困惑している」「苦慮している」

・断る（誘いを）
「伺えません」「せっかくお誘いくださいましたのに」

・断る（任務を）
「難しいと感じる」「とてもその任ではございません」

・参考になる
「大変勉強になる」

・残念に思う
「不本意でございます」

・恥ずかしく思う
「お恥ずかしい限り」「面目次第もない」

・書く
「書かせていただく」

・聞く（相手が）
「お聞きになる」

・聞く（自分が）
「伺う」

- 死ぬ
「お亡くなりになる」「息を引き取る」

- してあげる
「やらせていただく」

- 知らない
「認識不足」「若輩者」

- 知る（相手が）
「存じ上げる」「ご存知」

- 〜する
「させていただく」

- 説明する
「説明させていただく」

- 相談する
「お考えを聞かせていただく」

- 食べる
「いただきます」「ごちそうになる」

- 助けてもらう
「お力添えをいただく」

- 伝言を頼む
「おことづけをお願いする」

- 伝言する
「申し伝える」

- 〜できない
「いたしかねる」

- 連れてくる
「お見えになる」「ご案内」

- 同意する
「ご意見に賛成です」

- 努力する
「鋭意努力致します」

- 反省する
「深く反省する」

- 納得できない
「納得しかねる」

- 寝る(相手が)
「お休みになる」「ご就寝なさる」

- 乗る(相手が)
「お乗りになる」

- 人と出会う
「お目にかかる」

- 迎える
「お迎えにあがる」

- 迷惑をかける
「ご迷惑をおかけする」

- 待つ(お客様を)
「お待ちする」

- 真似できない
「とうてい真似できない」

- 見る(相手が)
「ご覧になる」「お目通しいただく」

- 見る(自分が)
「見せていただく」「拝見する」

- 持つ（相手が）
「お持ちになる」「お持ちいただける」

- 持つ（自分が）
「持参する」

- もらう
「いただきます」「頂戴する」

- 連絡をもらう
「ご連絡をお待ち申し上げます」「ご一報ください」

- 連絡する
「ご連絡差し上げます」

- 休む
「休みをいただく」

- 許してもらう
「お許しください」「何卒ご容赦賜りますよう」

- 呼び出す
「お呼びだてする」「ご足労いただく」

- 読む
「拝読する」

- わかる
「お察しします」

- わからない
「わかりかねる」「判然としない」

- 忘れる（自分が）
「失念する」

- 忘れる（相手が）
「ご失念かと存じますが」

ビジネスメールと
就職・転職活動の敬語

お祝いの気持ちを伝える	128
메ールを締める	130
就職活動・転職活動時の面接で	132
就職活動・転職活動の電話対応	134

コラム7　就職・転職活動での敬語 …… 136

7 お祝いの気持ちを伝える

VERY GOOD

01位

この度は社長にご就任との吉報に接し、心よりお祝い申し上げます。

Point 「心よりお祝い申し上げます」という表現を使えば、お祝いの気持ちをしっかりと表現できる。自分よりかなり立場が上の人には、硬い文章を使うのが良い。

VERY GOOD

02位

お目にかかってお祝いを直接申し上げたいところですが、

Point 基本、お祝いごとは対面や贈り物をするのがマナー。早急にお祝いを伝えたい時には、メールで「お目にかかってお祝いを〜」と添えておこう。

GOOD

03位

謹(つつし)んでお喜び申し上げます。

Point 「謹んで」は「かしこまって」「敬意を含んでうやうやしく物事をするさま」を表現する。「お喜び申し上げる」と表現すれば、相手を祝福していることが伝わる。

GOOD

04位

金賞を受賞されましたこと、慶(よろこ)びにたえません。

Point 「慶びにたえない」とは、気持ちを抑えられないことや、感情を表に出さずにはいられないことを表す。婉曲的に相手を祝うことを伝える表現方法。

今回は社長になられたとのこと、おめでとうございます！

「おめでとうございます」はストレートな表現だが、メール文章では、いささか幼稚な表現。また、相手の立場によっては敬っていない印象を与えるので注意。

本当は会ってお祝いしたいんですけど……

メールの文面でも敬語表現は忘れるべからず。「お目にかかってお祝いを〜」のあとに、「まずはメールにて失礼します」とすることで失礼になりづらい。

良かったですね、私も嬉しいです。

口語文をそのままビジネスメールで用いないように注意したい。手紙やメールに似合った表現をすることで、ぐっと大人っぽいフレーズになる。

金賞をゲットしたと聞いて、こちらも嬉しくてたまりません。

ストレートに「嬉しくてたまらない」と伝えてもよいが、「慶びにたえません」にした方がビジネスシーンらしい敬語表現となるので◎。

7 メールを締める

1位 VERY GOOD

まずは、確認のみの連絡になります。よろしくお願い致します。

Point 「取り急ぎ〜」を別の言葉に言い換えよう。「要件のみで、失礼致します」などでもOK。最後に「よろしくお願い致します」できちんと締める。

2位 VERY GOOD

今後ともよろしくご指導くださいますよう、お願い申し上げます。

Point 「今度ともよろしくご指導〜」とすれば、引き続き変わらないお付き合いを望むことを伝えられる。「ご鞭撻の程、お願い致します」でもOK。

3位 GOOD

皆様のますますのご活躍を心よりお祈り申し上げます。

Point 「お祈り申し上げます」は、相手の成功や発展を願う意味を込めたフレーズ。「申し上げます」の代わりに「致します」を使用しても良い。

4位 GOOD

斉藤様へもよろしくお伝えくださいませ。

Point メールの受信者だけではなく、先方の社内に関係者がいる場合に使う。間接的によろしくと伝えれば、自分の気遣いやチームワークをアピールする効果もある。

取り急ぎ、ご連絡まで。

「取り急ぎ〜」は、説明を省略し用件だけを伝える意味。つい書いてしまいがちだが、簡略することを失礼と思う相手もいるので、目上の人には使用しない方が良い。

これからも、よろしくお願いします。

「これからもよろしく」では、子供っぽい表現なので工夫をする。「ご指導・ご鞭撻」を使うときは、頭に「今後とも」「なにとぞ」などと付ける。

これからの活躍に期待しています。

「活躍に期待している」では、上から目線に感じ取られてしまうので避けること。「ご活躍をお祈り申し上げます」と、相手の成果を願うことで間接的に励ます。

斉藤さんにもどうぞ、よろしく。

メールの受信者だけではなく、よろしくと伝えて欲しい相手も敬うこと。また、「〜くださいませ」と語尾に「ませ」をつけて丁寧に依頼する。

就職活動・転職活動時の面接で

VERY GOOD 01位

わたくし、渋谷大学4年の伊藤圭吾と申します。

Point 「僕・わたし」は「わたくし」と言い換えるのが基本。学生ならばどこの大学の何年生か、社会人ならば、どの会社の何をしているのかをハッキリと伝える。

VERY GOOD 02位

わたくしの長所は明朗活発でお客様と接する仕事を望んでいます。

Point 面接では、自分の長所をアピールできるように工夫しよう。「なので」を「ですから」などと丁寧に表現すること、語尾を言い切ることで印象がアップする。

GOOD 03位

現在、私はIT技術の研究にとても興味を持っています。

Point 「ハマる」を、「熱中する」「興味を持つ」「関心がある」などと言い換えると印象が良い。ビジネスパーソンとして、若者言葉を使わない。

GOOD 04位

お手数お掛けいたしますが、どうぞよろしくお願いいたします。

Point 締めの言葉も、評価のポイント。後日結果を知らせるなどと言われたときは、「お手数おかけしますが」「お忙しいところ恐縮ですが」などクッション言葉を使う。

僕は渋谷大学4年の伊藤です。

名前はフルネームで名乗った方が良い。名前のあとは、「〜です」「〜と言います」ではなく、「申します」と敬語表現にしてへりくだろう。

なにげに明るい方だと思います。

「こう見えても」を「なにげに」と表現することは不要。余計な言葉をつけると、相手が混乱してしまう。「〜の方」も意味がわかりづらいので言わない方が良い。

いま、IT技術の研究にハマっているんです。

「〜なんです」では、子供っぽくて説得力がない。質問されたことに対してまずは簡潔に答え、その後に具体例や事例を話すと分かりやすい。

それじゃあ、よろしくお願いします。

相手に手間を取らせるときは、「それじゃあ」などでは失礼。面接の最後は「よろしくお願いします」など締めの言葉を丁寧に伝え、深々とお辞儀をして終わろう。

就職活動・転職活動の電話対応

VERY GOOD 01位

私、渋谷大学社会学部3年の白鳥明子と申します。会社説明会の参加予約の件で、お電話をさせていただきました。

> **Point** 電話の最初の常套句は、まず「わたくし」とゆっくり名乗り、1拍置いてから所属、氏名をフルネームで伝えよう。慌てず、焦らず、インパクト・コンパクトに用件を伝える。

VERY GOOD 02位

大変恐縮ですが、ゼミ発表の日程と重複してしまい、8日予定の会社説明会の日程を、変更していただけないでしょうか？

> **Point** クッション言葉の「大変恐縮ですが」「お手数をおかけしますが」と下から目線敬語から入ること。社会人での営業電話のときも同じ。

GOOD 03位

それでは、来週6月9日水曜日14時に、汐留本社にて、どうぞよろしくお願いいたします。

> **Point** 電話の最後に、復唱して聞き間違いがないように、自分から確認しよう。14時と4時は間違いやすいので、14時または午後2時と明確に伝える。

GOOD 04位

本日は貴重なお時間をありがとうございました。(相手が電話を切る)→(自分が電話を切る)

> **Point** 電話対応の最後は締めのお礼の一言を。有終の美を飾ることで好印象。電話を切るタイミングもマナーでチェックされていることを忘れずに。

大学3年の白鳥ですが、来週の説明会の予約、まだ大丈夫ですかね？

学生モード満載の表現。社会人デビューどころか、アルバイトの応募でもアウトな電話対応。うっかりミスをしっかりトークに変えてみよう。

悪いんですが、他社とかぶっちゃったんで、日程を変えてもらえませんかね？

面接前の電話対応＝0次面接で、すでにマイナス自己PRでアウト。会社予約前の電話対応も人事部・面接官はチェックしていることを忘れずに。

わかりました。じゃあ、9日の2時ですね。汐留の場所に行きます。

たかが電話、されど電話です。会社は手取り足取り、基本的なコミュニケーション研修や教育をする余裕がないため、K点超えをしている人物しか採用圏内に入らない。

ありがとうございました。（自分が電話を切る）→（相手が電話を切る）

「電波の切れ目が縁の切れ目」にもなりかねない。電波も内定も圏内にするためには、電話をする際の周りの環境にも目配り・気配り・心配りをしておこう。

COLUMN 7 就職・転職活動での敬語

大学生の就職活動、社会人の転職活動において、書類や面接時の「敬語の差」が内定のキーポイントになります。

● グループディスカッション

グループディスカッションは、手足を動かして取り組み、具体的な成果を出すものと、抽象的なテーマについて話し合うものという2種類に大別することができます。

どちらの場合にも共通して言えるのが、主体的に議論に参加する態度で望むということです。ディスカッションをしに来ているのにもかかわらず、発言をしないという態度では、企業側に参加意欲が薄いという印象を与え、厳しい判断が下されることは目に見えています。

加えて忘れてはならないのが、「試験官に見られている」という意識を常に持つことです。ディスカッションが盛り上がってくると、いわゆるタメ語になってしまったり、足を組んでしまったりなど、日頃のクセが出やすくなるものです。リラックスしているほうが、自分の素が出て良さをアピールできる反面、上述したような態度が出ることは、評価が下がる要因になりかねません。

どんなに良い発言をしても、それに見合った態度でいなければ、相手の信用は得られないものです。学生基準ではなく、社会人基準を体現するという意識で臨んでほしいと思います。

また、「仕事とは何か」「社会貢献と利益追求はどちらが重要か」等、個々人やそれぞれの会社によって答えが異なるであろう、抽象的なテーマがディスカッションの議題になることも多いです。

こうした、いわゆる「正解」がないテーマに関しては、一般的な考え方にとらわれることなく、「自分の考え」を主張するべきでしょう。テレビや新聞がどう言っているかを話したとしても、それは知識のひけらかしに過ぎません。求められるのは、それに対して自分がどう考えるかを話すことなのです。

主張の理由付けとして役に立つのが、自らの体験談です。メディアで報じられている事柄は、ともすれば皆が知っている内容ですが、自分の体験談はオンリーワンのものです。主張の内容とうまくリンクするようにアレンジし、自分のフィールドに引き込んで説得力を

高めたいところです。知識のひけらかしではなく、自らの体験を基にした主張・考え方に立脚した「知恵」をアピールしていきましょう。

　読者の中には、初対面の人々の中で自分の意見を主張することに苦手意識がある人もいるでしょう。やはり、グループディスカッションを味方にするためには、場慣れが必須となります。

　本番のグループディスカッションを何度も経験することで、流れや呼吸をつかむことができるのは確かです。しかし、就活以外の場、日常生活内にも練習のチャンスは無数にあるものです。

　大学のゼミ内での発表や、先生との交流、アルバイト先の人と話してみる等、自分の小さな心がけで「話すこと」に慣れる機会はたくさんあります。日頃からの積み重ねを、本番での成功に繋げられるように努力していきましょう。

●メール

　社会人の世界では、ビジネス相手とのアポイント取りや打ち合わせの連絡など、日常連絡から重要事項の伝達まで、メールが用いられることが主流となっています。

　就活生の立場からすれば、ビジネス用のメールは堅い印象で、言葉の使い方に苦心することもあるかもしれません。しかし、本書などを参考に基本的なメールの書き方を、早いうちに身につけて欲しいと考えています。まずは、既存の形を真似してみることから入り、慣れていくことが有効でしょう。

　メールで気をつけるべきポイントは２つあります。

　１つは、件名を忘れずに付けること、本文の冒頭に宛先、文末に署名を入れることを確認しましょう。プライベートなメール、特に携帯電話でのメールのやり取りでは、件名を入れないことも多いですが、ビジネス用途のメールでは件名が必須です。「選考日程に関する質問」「１次面接のお礼」など、本文に記載された内容を簡潔に表した、一目でわかる言葉を選びましょう。さらに、どこの誰に読んで欲しいのかを示す宛先と、誰が書いたのかを示す署名がなければ、重要なメールであっても読んでもらえないということになりかねません。送信前に確認しましょう。

　２つ目に、誤字脱字、言葉づかいに注意することです。自分ではわかっている漢字も、うっかり誤変換をしていることは十分にあり得ます。言葉づかいも相手へ失礼がないよう、送信前に文章をチェックし直しましょう。

手紙や電話より気軽に送ることができる便利なメールですが、形に残るものであるため、取り扱いに注意しながらも有効利用した

いものです。

●履歴書・エントリーシート
　就職活動において、避けては通れないのが履歴書・エントリーシートの記入・提出です。学生時代に、アルバイトに応募するための履歴書を書いたことがある読者も多いことと思いますが、就職活動における履歴書は、その重要度は桁違いとなります。さらに、多くの企業で採用されているエントリーシート方式も、いわば登竜門のようなものであり、ここを通過できなければ、どれほど面接に強くても、それを活かせずに終わってしまうことになります。
　つまり、履歴書・エントリーシートとは、企業に提出する「自分のこれまでの人生を凝縮したパンフレット」であると言えます。
　就職活動が本格的にスタートする時期は、アナウンサー職を中心としたマスコミ関係の一部を除いて、おおむね同じです。いくつもの企業の採用試験を受ける場合、その分、大量の履歴書・エントリーシートを書かなくてはなりません。提出日や方法（郵送・直接持参等）をよく確認し、前日に一夜漬けで記入するなどということがないように心がけたいものです。準備する期間が短いと、焦りも生まれ、文章を練る時間も短くなってしまいます。人生が懸かっている書類とも言えるのですから、第一志望ではないからといった理由で、適当な記入で済ますことは自重しましょう。
　時間に余裕のある時に、履歴書の氏名・学歴欄等を記入してストック化し、提出する企業が分かった時点で相手に合わせた志望理由や自己PR欄への記入をするという方法も、大量の枚数に取り組むにあたっては効果的です。
　就職活動では、企業側からの指定がない限り、大学が発行している履歴書を用いることになるでしょう。大学によって、履歴書の書式が違う場合が多いので、早めに就職課や購買に足を運び、自分の大学の履歴書を手に入れ、目を通しておきましょう。
　提出する企業によって、志望理由や自己PRなど、記入する項目は異なりますが、核となるものは積み重ねてきた自己分析や業界・企業、仕事に対する想いです。自分の熱い想いを、相手にとって響くような表現を工夫しながら書いてみましょう。
　「とにかく出す」はNGです。「なぜこの企業に自分は履歴書・エントリーシートを提出するのか？」を考え、しっかり理由づけをしてから意欲的に取り組みましょう。

●手紙

　かつて、就職活動における「手紙」の立ち位置は、面接試験後や内定通知を頂いた後のお礼状などが主な用途でした。

　時代の変化とともに、これらの役割はメールに取って代わりつつあるものの、「特別な時に、真心を伝えるツールとしての手紙」の地位は揺らいでいません。

　現在の就活生世代は、社会人世代より手紙に触れる時間が短かったせいか、書き方などになじみがないこともあり、企業を相手に手紙を出すことを躊躇するという相談も多いです。

　1通のお礼状が企業側にどう扱われるかは、正直なところ相手次第です。送ったところで、選考の結果が覆るということも通常はあり得ないと考えてしかるべきでしょう。

　しかし、就職活動は人と人との交流でもあり、尽くせる礼儀はできる限り尽くす、という姿勢で望むべきだと思います。

　また、仮に悪い結果を受け取ったとしても、「ここまで自分は礼を尽くしたのだから、他に縁のある会社があるはず」と気持ちを切り替えることも可能でしょう。

　デジタル・アナログを問わず、できることはすべてトライして、ベストの結果を出せるように努力しましょう。

接客での敬語

飲食店でお客様を迎える ………… 142
お客様が席についたとき ………… 144
お客様の食事中に ………………… 146
お会計のとき ……………………… 148
困っているお客様のサポートをする … 150

**コラム8　いざという時の
「便利敬語」フレーズ集** ……………… 152

8 飲食店でお客様を迎える

VERY GOOD

01位

お席までご案内します。こちらへどうぞ。

> **Point**　「〜の方へ」は、必ず「〜まで」と言い換えよう。また、「案内する」も「ご案内します」と丁寧に言いかえないと、お客様に失礼となる。

VERY GOOD

02位

お連れの方はいらっしゃいますか？

> **Point**　お店に来たお客様の同伴者は、「お連れ様」「お連れの方」と表現しよう。「いる」は「いらっしゃる」と尊敬語に改めて、相手の立場を高める。

GOOD

03位

ただいまお席にご案内いたしますので、少々お待ちくださいませ。

> **Point**　「いま」は「ただいま」、「案内」は「ご案内」など、細かいところまでしっかりと表現する。謙譲語の「〜いたします」を使い、自分の行為をへりくだること。

GOOD

04位

木村様でいらっしゃいますね。お待ち申し上げておりました。

> **Point**　予約してきたお客様には、名前をしっかり確認しよう。「待つ」の謙譲語である「お待ち申し上げる」を使って、相手を敬うこと。

お席の方へ案内します。
こっちへどうぞ。

「～の方へ」などの「名詞＋の方」という言い方は、バイト敬語と言われる。正しい敬語を覚えていないと、適当な言葉を使いがち。

何名様ですか？

「何名様ですか？」では、いささかぶっきらぼう。お客様の中で代表者だけではなく、同行している人にもしっかりと敬意を示すことがマナー。

いま席に案内するので、
もう少し待ってください。

お客様を待たせてしまうときは、丁寧に伝えて相手を不快にさせないようにする。「～ください」では命令っぽくなってしまうので、「～くださいませ」とする。

木村さん、待っていました。

いくら常連客でも、常に「名前＋様」と呼ぶことがマナー。名前を確認するときは「いらっしゃいますね」とする。「～ございますね」とすると、物事に対する確認となる。

8 お客様が席についたとき

VERY GOOD 01位
こちらの席でよろしいでしょうか。

Point お客様の座る席を決めるときは、「〜でしょうか」と相手に許可を求める形に。特に席の指定がないときは、「お好きな席にお座りくださいませ」でもOK。

VERY GOOD 02位
ご注文がお決まりになりましたら、お呼びくださいませ。

Point 注文がすぐに決まらないようであれば、声をかけてもらえるようにお願いする。注文を決めるのはお客様なので、「ご注文」「お決まり」と相手の行動を丁寧に表現する。

GOOD 03位
ご注文は以上でよろしいでしょうか。

Point 直前のオーダーを確認するときは「よろしかったでしょうか？」は不自然な問いかけになる。言い慣れてしまうと、ついつい間違った敬語を乱用しがち。

GOOD 04位
ご注文をお伺いします。

Point 注文を「聞く」ときは「お伺いする」と謙譲語で表現しよう。追加注文を受けたときは「ありがとうございます」と感謝の気持ちを示す。

こっちの席になります。

「こっち」では子供っぽい表現になる。良いサービスを提供できるように、お客様にお伺いを立てることが基本。指示をするような言い方は厳禁。

注文が決まったら呼んでください。

お客様が注文したがっているように見えたら、「ご注文はお決まりでしょうか？」と声をかけても良い。接客中は、常にお客様の行動を注意深く見ること。

注文は以上でよろしかったでしょうか。

「注文」は相手の行為なので、「ご」をつけて丁寧に表現したい。オーダーされた品物をしっかり確認することで、ミスを防ぐ効果がある。

注文を聞きます。

お客様の時間を無駄にしないように、はじめに飲み物のオーダーを取るのも◎。注文された品物に時間がかかるときは、「お時間をいただきますが〜」と承諾を得る。

8 お客様の食事中に

VERY GOOD

01位

お待たせしました。鳥の唐揚げでございます。

Point 注文された料理を提供するときは、「ございます」と伝える。水、おしぼりなどを渡すときも「〜になっております」ではなく「ございます」。

VERY GOOD

02位

ビールをご注文の方、お待たせしました。

Point 品物をテーブルに置くときは、誰の前に品物を置くのか確認すること。「どちらですか？」などと聞かず、「お待たせしました」と言えばOK。

GOOD

03位

タバコはご遠慮ください。

Point 禁煙席でタバコを吸うお客様に注意をするとき。「ご遠慮ください」という表現をすれば、やんわりと注意をすることができてGOOD。

GOOD

04位

ご利用になれます。

Point クーポン券などを利用したいお客様に対しての返答。「ご利用になる」は「利用する」の尊敬語。「ご利用になれる」と伝えれば、使用可能の許可を伝えられる。

鳥の唐揚げになります。

「おまたせしました」という一言があれば、お客様に対して気遣いを示せる。お客様の見える位置から近づき、品物を提供するようにする。

おビールの方は？

語尾までしっかり伝えることで、より丁寧な表現として伝わりやすい。勝手に品物を置かず、相手にお伺いをたててから行動しよう。外来語には「お」をつけない。

おタバコは吸わないでください。

「吸わないでください」と表現すると、キツイ言い方となってしまう。お客様を怒らせないように、下から目線で伝えることを意識する。

使えますよ。

お客様に対して、馴れ馴れしい言葉使いはNG。忙しい時でも、お客様ひとりひとりを大切にしたサービスを心がけること。

8 お会計のとき

VERY GOOD 01位

1000円お預かりいたします。

Point 相手が渡した金額に、「〜円から」という表現は間違い。しかし、「1000円からのお返しで70円になります」などの場合は「〜から」を使用してもOK。

VERY GOOD 02位

130円のお返しと、レシートでございます。

Point お客様にお釣りを渡す時に使われるフレーズ。お釣りに対して「お返し」という表現はOK。語尾を「ございます」とすることで、上品なイメージに。

GOOD 03位

お会計は、あちらで承ります。

Point お客様に会計をお願いされたときの返答。「引き受ける」の謙譲語である「承る」と使用すると、こなれた敬語表現になるので要チェック。

GOOD 04位

またのお越しをお待ちしております。
ありがとうございました。

Point 会計が済んだお客様を見送るときは、気持ちのよいフレーズで送り出したい。「またのご来店を心よりお待ちしております」もGOOD。

1000円からいただきます。

代金ちょうどの金額でない場合は、「お預かりします」と表現する。一方、代金ちょうどの金額の場合は「１０００円ちょうどいただきます」でOK。

130円とレシートのお返しです。

レシートは、お客様に返すものではなく渡すもの。レシートまで「お返し」では不自然。意味を考えながら伝えると、筋の通った表現ができる。

会計は、向こうです。

敬語表現を使わないと、突き放したようなイメージを与えがち。レジが混んでいる場合は、「お急ぎのところ申し訳ございません」などのプラスフレーズがあると良い。

ぜひ、また来てください。

「来て」と来店を促すより、「お待ちする」とした方がお客様に圧力を与えない。最後に「ありがとうございました」と礼をすると印象が良い。

8 困っているお客様のサポートをする

01位 VERY GOOD

いかがでございますか?

Point お客様が明らかに迷っていたり、困っていたりするときは声をかけてあげよう。「どう」は「いかが」とし、語尾は「ございますか?」と丁寧にお伺いする。

02位 VERY GOOD

こちらの洋服の方が、よくお似合いのように思いますが。

Point 「お」を単語につけすぎると意味が通りにくくなり、わかりづらい。「お似合い」は相手に対する尊敬語なので、「似合う」に「お」をつけるだけで十分。

03位 GOOD

どのような色がお好みですか?

Point お客様の好きなデザインやカラー、味などを聞きたい時に使える質問フレーズ。「お好みですか」と尊敬表現で尋ねることで、相手に気分良く答えてもらう。

04位 GOOD

お色違いがございます。どうぞご覧ください。

Point 「色違い」を「お色違い」、「あります」を「ございます」と丁寧表現で改める。丁寧にお願いするときに使われる「どうぞ〜」を付けると印象アップ。

どうですか？

　黙って近づき、いきなり後ろからお客様に声をかけるのは怖がらせてしまう場合がある。商品を渡す時なども、横に立って渡した方が良い。

こっちのお洋服がお似合いですよね〜。

　店員は、お客様の商品選択を、あくまで「サポートする」立場ということを忘れない。「〜ですね！」など、自分の意見を押し付けると、お客様はムッとしやすい。

どんなカラーが好きなんですか？

　「どんな」を「どのような」と言い換えるだけで、ずいぶんとイメージが変わる。馴れ馴れしい態度を取らないように心がけよう。

別のカラーもあります。いろいろ見てくださいね。

　「見る」は尊敬語の「ご覧になる」と表現して、相手の立場を高める。「どうぞお手にとってご覧ください」も声掛けの挨拶でよく使われる。

COLUMN 8 いざという時の「便利敬語」フレーズ集

営業・接客、電話、会議、クレーム対応など、ここ一番のときに使えるベスト敬語をマスターしましょう。

●営業・接客編
「お急ぎのところ恐縮ですが、5分ほどお待ちいただけますでしょうか?」

「私の説明でご理解いただけたでしょうか?」

「お力添えいただけないでしょうか?」
「お力添えを願えないでしょうか?」
「ご協力いただけないでしょうか?」

「当社にお任せいただけるのですね。誠にありがとうございます!」(さらに付け加えて)「このような願ってもない機会を頂戴して、○○様には深く感謝申し上げます」

「(本当ですか!?) 願ってもないお話です!」

「○○の点(コスト、時間、質などのメリット)で貴社のお役に立てるかと思いますので、どうぞ次回もご検討いただければと思います」

「○○(個人名)さんと仕事をさせてください」

(自らを売り込むとき)
「その仕事、ぜひ私に担当させてください」

「ただちに検討し、結果をご報告申し上げます」

「はい、承知いたしました。その旨、確かに課長に申し伝えます」

「わたくしどもの部長の○○が、よろしくと申しておりました」

「わたくしどもの部長の○○から△△様へのことづてを言いつかって参りました」

(相手が興に乗っている話の相槌として)
「(ご趣味だという)○○が上達するコツは何かございますか？」
「お気に入りの○○のスポットはございますか？」

「駅前に海鮮料理の店ができました。いまは○○さんがお好きなカキがおいしい季節ですし、来週、ぜひご一緒しませんか？」

「どうぞこれをお嬢様にお渡しください」
「これをお嬢様に差し上げようと思いまして……どうぞお渡しください」
「お嬢様へのお土産です」

(お客様がふいに来社した際)
「恐れ入りますが、お約束はいただいておりましたでしょうか？」

「田中さん、お客様がお呼びです」
「田中さん、○○様がお呼びです」

(来訪者を取り次ぐとき)
「恐れ入りますが、お名刺をお預かりできますでしょうか？」

(たびたび来社してくださる取引先に対して)
「たびたびおいでいただき、ありがとうございます」

●電話対応
「担当の鈴木は、本日休ませていただいております。△日の出社の際には○○様からお電話がありましたことを申し伝えます」
「担当の鈴木は本日休暇をとっております。出社の際には鈴木に、○○様あてにお電話を差し上げるよう申し伝えます」

「恐れ入りますが、○○様で間違いございませんか？」

(自分あての電話を誰かに取り次いでもらったとき)
「お待たせいたしました。○○でございます」
「お待たせして失礼いたしました。○○でございます」

「大変お待たせして申し訳ございませんでした。○○でございます」

「お差し支えなければ、私がご用件を承りますが……」
「もし私でお役に立てることでしたら、ご用件を承りますが……」
「申し訳ございません。私にはわかりかねますので、ただちにお調べしたうえで、○○様にご連絡を差し上げます」

「恐れ入りますが、○○様はお手すきでいらっしゃいますか？」

(名前を名乗った後、いきなり)
「いま、よろしいでしょうか？」
「お話を5分ほどさせていただいてもお差し支えございませんでしょうか？」

●報告・連絡・相談
「先方は、明日の午後4時ならご都合がよろしいとのことですが、いかがでしょうか？」
「先方は、明日の午後4時をご指定ですが、いかがでしょうか？」

「お忙しい中を申し訳ありませんが、折り入ってお願いがございます。お時間よろしいでしょうか？」

(仕事の進め方を上司に相談するとき)
「この案件につきましては、自分は……と考えますが、いかがいたしましょうか？」
「この件につきましては、自分は……と考えますが、課長はどうお考えですか？」

「お知恵を拝借したいのですが……」

「企画書ができあがりましたので、ご覧いただけますか？」
「企画書ができあがりましたので、お手すきのときにお目通しいただけますか？」

(上司に頼まれていた課題の結論を求められたとき)
「結論が遅れていて申し訳ありません。他部署との調整がございますので、少々お待ちください。なお、○月○日の午前中までには、

結論が出せると思います」

(報告が遅いことを叱られて)
「ご連絡が遅くなりまして、大変申し訳ありませんでした。現在は○○の状況でございまして、本日の△時までには、書類をそろえた上でご報告させていただきます」

「大変申し訳ございません、失念しておりました。ただちに報告に参ります」
「大変申し訳ございません、失念しておりました。恐れ入りますが、本日の午後3時までお時間をいただけないでしょうか？　それまでに必ずきちんと報告いたします」

「ご指示いただいたとおりの方法で行ったのですが、うまくいきませんでした。○○を自分なりに工夫してみたのですが、他にも有効な手段はございませんか？」

「昨日の企画書をお読みいただけましたでしょうか？」
「昨日の企画書をご覧いただきましたでしょうか？」

●社内敬語
「私にできることはございませんか？」
「○○を私がやります」
「○○の仕事は私は得意ですので、私にさせてください」

「○○(地名)の実家から今朝届きました。つまらないものですが、よろしかったらどうぞ召し上がりください」

●会議
(意見を求められたとき)
「○○さんと同様に、私も〜と考えます。さらに付け加えさせていただきますと……」

「私の話を聞きながら、この参考資料をご覧ください」
「私の話を聞きながら、この参考資料にお目通しください」

●社内の宴席
「本日は皆さんの上司の方々も多数ご列席いただいておりますが、せっかくの宴席でございますので、上下の隔てなく大いに盛り上がりましょう！ いかがでしょうか、部長？」

●上司への返答
「はい、かしこまりました。ただちにやらせていただきます」

「喜んでお伴させていただきます」
「ぜひお伴させてください」
「ぜひご一緒させてください」

（上司や取引先からの誘いを断るとき）
「ありがとうございます。大変残念なのですが、今晩は久しぶりに友人との先約がございまして……」

「はい、承知いたしました」
「はい、承りました」
「はい、かしこまりました」

「私でお役に立てることでしたら、喜んで！」

「素晴らしいですね！ お教えいただきましてありがとうございました！」
「納得いたしました！ 大変わかりやすくご教示いただきまして、感謝いたします！」

「私には力不足ですが、精いっぱい務めさせていただきます」

●部下・後輩への対応
（部下を褒めるとき）
「この難しい仕事をやり遂げるとは、さすが○○さんです。あなたに頼んで本当によかった！」

「遅くまで頑張っていたね。日頃の努力が成果につながってよかったな」
「君ならできると思っていたよ」

「おかげでうまくいったよ」

(部下のミスを叱るとき)
「こんなミスをするなんて君らしくないね」
「君ともあろう者が、いったいどうしたんだ!」

(ミスをした部下を励ますとき)
「今回は苦しい経験をしたね。次回の君の成果を期待しているよ」
「今回は痛い経験をしたね。今後の君に期待しているよ」

(部下の仕事に取り組む姿勢を注意するとき)
「君には○○というよい面があるのだから、君の△△が改善できれば、もっと仕事で成果が出せるようになると思うよ」

「さらに成果を出すために、もっと時間の使い方を工夫してみてはどうかな」
「君はやればできる人なんだから、もっと時間を有効に使ったらどうかな」

●クレーム対応
(クレーム電話に)
「大変失礼いたしました。ただちに原因をお調べいたします。原因がわかり次第、すぐにご連絡を差し上げます」

「ご迷惑をおかけして申し訳ございません。ただちに責任者に代わります」

●お詫び・謝罪
「先日ご依頼の○○の件、現在優先して取り組んでおりますが、お客様にご満足いただけるよう、しっかり調査をさせていただいた上でご提案申し上げたいと思っております。つきましては、あと○日ほどお時間をいただけないでしょうか?」
「先日ご依頼の○○の件、ミスが許されない重要なお仕事ですので、万全を期して社内で二重三重のチェック体制を構築しているところです。大変申し訳ありませんが、あと○日ほどお時間をいただけないでしょうか?」

（部下が失礼をした場合）
「誠に申し訳ありません。部下の○○が失礼いたしました。どうかご容赦ください」
「誠に申し訳ありません。さぞかしご迷惑だったことと、お詫び申し上げます」

「現在あいにく、在庫を切らしております。○○日に入荷の予定ですので、その後△日以内にお届けできると思いますが、よろしいでしょうか？」

（こちらのミスで相手に迷惑をかけたとき）
「申し訳ございません。今後同じミスを繰り返さないために、○○を徹底いたします」
「ご指摘ありがとうございます。代わりに、○○させていただきます」

（約束の時間に遅れたとき）
「遅くなりまして大変申し訳ありません。○○の事情で約束の時間に遅れてしまいました。申し訳ございませんでした。以後気をつけます」

「○○が原因で障害が起きております。ご迷惑をおかけして大変申し訳ございません。現在、こちらの方法で対応しておりますので、ご利用ください」

●お断り・要請
「あいにく、その条件ではいたしかねますので、こちらの条件ではいかがですか？」
「申し訳ございませんが、その条件ではいたしかねますが、こちらの条件であれば承ることができます」

「（事情説明をした上で）いままでは○○でしていただいていましたが、今度からは△△でお願いできますか」

「恐れ入りますが、○○をお間違えではないでしょうか？　ご面倒ですが、ご修正いただけますか？」

「ありがとうございます。○○さんのお気持ちだけでもありがた

く頂戴いたします」
「お誘いいただき、ありがとうございます。実は、大変残念なのですが、今晩は先約がございまして……」

●ビジネス手紙
「株式会社○○社　(該当部門)御中」
「株式会社○○社御中　△△様」
「株式会社○○社　(所属部門)△△様」
「株式会社○○社　△△部長殿」

「○○株式会社　△△様」
「(有)○○営業本部課長△△様」

「○○各位」

「招待券をご用意ください」
「招待券をお持ちください」

●ビジネスメール
(アドレス帳に敬称を入れて登録して)
「宛先：渋谷太郎様」

「こちらこそありがとうございました」

酒席・パーティ等での敬語

ごちそうになる、ごちそうする ………… 162
酒席・接待のとき ……………………… 164
お見舞い・健康を気遣うとき …………… 166
上司の家に招かれたとき ……………… 168
パーティや交流会に出席したとき ……… 170

コラム9　シーズン別敬語集 …………… 172

9 ごちそうになる、ごちそうする

VERY GOOD 01位

（ごちそうになる）
本日はごちそうになりまして、ありがとうございます。

Point 感謝の言葉を上品に伝えたい。「海老の天ぷらがとくに美味しかったです」など、具体的な感想があるとさらに◎。

GOOD 02位

（ごちそうになる）
お心づくしのおもてなし、ありがとうございました。

Point 「好意が込もっていること」を示す「お心づくし」という言葉を使う。上品な敬語を使えば、自分の品格もあがる。

VERY GOOD 01位

（ごちそうする）
どうぞ、ごゆっくりなさってください。

Point 来客を招いた時は、まずこのように声をかけよう。こちらのさりげない気遣いがあれば、相手もリラックスしやすい。

GOOD 02位

（ごちそうする）
お粗末さまでした。

Point 相手に「ごちそうさまでした」とお礼を言われた時に返したい言葉。自分の立場を低めて、相手を敬う表現方法。

ごちそうさまでした。

「ごちそうさま」だけでは、敬意が足りない。「本日はごちそうになりまして」と丁寧に言い換えて感謝のフレーズをブラッシュアップ。

こんなに丁寧にしてもらって、なんだかすいません。

感謝の言葉は、プラスの表現を使うことが基本。「いつもながらのお心遣い、ありがとうございます」でも◎。

ゆっくりしてくださいね。

「ゆっくりしてください」では、気遣いは示せても敬意が伝わらない。「ゆっくりする」のは相手なので、「ごゆっくり」と表現しよう。

いえいえ。いいんですよ。

「ごちそうさま」と言われたら、気遣いをみせたいが表現方法がぱっと思いつかないことが多い。「お粗末さまでした」という決まり文句で返したい。

9 酒席・接待のとき

VERY GOOD 01位

本日はお招きにあずかりまして、誠にありがとうございます。

Point　「お～あずかる」と言い換えて、謙譲表現にしよう。「誠に～」と感謝の言葉を述べると、さらに敬意が伝わりやすい。

VERY GOOD 02位

本日はお心づくしのおもてなし、ありがとうございました。

Point　もてなしを受けた時は、丁寧にお礼を伝えること。「今度は私どもの方にもお越しください」などと、もてなし返しの希望も伝えるとGOOD。

GOOD 03位

私は不調法のため、申し訳ありません。飲む係ではなく、注ぐ係に徹してまいります。

Point　「酒や芸事のたしなみがないこと」をへりくだって表現すると「不調法」となる。相手を不快にさせないように断りたい。

GOOD 04位

木村先輩のお好みは何かございますか。

Point　居酒屋などでは、相手の好きなメニューをチョイスしたい。「好きな物」を「お好み」と言い換えて、上品な敬語に。

誘ってもらって、
ありがとうございます。

「〜してもらって」では敬語表現としては不足。接待を受ける相手と対面した時に、まずは感謝の言葉を伝える。

今日は楽しかったですよ。

感想だけ伝えるのは、いささか幼稚なイメージ。相手の好意に対しての感謝の言葉をきちんと伝えよう。

お酒、ダメ(ムリ)なんですよね。

気遣ってお酒をすすめてくれた相手に、「お酒はダメ」では不快にさせる可能性が高い。断るだけでなく、こちらからできる気遣いの行為を伝えよう。

木村さんの好きな物ありますか？

「ありますか？」は「ございますか？」と丁寧に表現する。「何になさいますか？」などと尋ねるのもOK。

9 お見舞い・健康を気遣うとき

VERY GOOD 01位

お風邪を召しませんように。

Point　「風邪を召す」「お風邪をおひきになりませんように」は「風邪をひく」の尊敬表現になる。「風邪をひく」のは相手なので、「お風邪」と改める。

VERY GOOD 02位

その後、お身体の具合はいかがですか?

Point　病気の人を見舞うときは、あたたかい言葉をかけたい。「お身体」「いかがですか」など相手を敬いながら、相手の様子を伺いたい。

GOOD 03位

退院されるそうですね。

Point　入院中の人が退院することになったときは、相手と一緒に喜ぼう。「ご養生の甲斐がありましたね」と、相手の頑張りを認めること。

GOOD 04位

心ばかりのお見舞いの品を持参しました。

Point　見舞いの品を持参したときは、「心ばかりの〜」と品物を差し出そう。「つまらないものですが」と言うよりも、「心ばかり」「ささやかな」と言い換える。

風邪をひかないでね。

風邪が流行っているときや寒さが厳しいときに、メールの締めの言葉で「お風邪を召しませんように」などと伝えると好印象になる。

元気ですか？

ついつい「元気ですか？」などと聞いてしまいがちだが、「元気なわけないだろう！」と思われてしまう。元気そうに見える相手でも、気遣いを忘れない。

ご退院されるそうですね。

「〜される」と表現したい場合は、「ご退院される」と「退院」に「ご」をつけないようにする。続けて、「全快おめでとうございます」などと伝えたい。

これ、お見舞いにと思って……。

相手に見舞いの品を手渡すときには、「つまらないもの」と言うと気分を害する人もいる。謙虚さをアピールした言い回しを覚えておくと吉。

9 上司の家に招かれたとき

VERY GOOD
01位

素晴らしいおうちですね。

Point 丁寧に表現したいときは、「お」をつける対象の単語は、「お」をつけない対象の単語があるので注意。相手の「家」「庭」などには「お」をつける。

VERY GOOD
02位

ご立派なご子息(しそく)でいらっしゃいますね。

Point 上司の息子は「ご子息」、娘の場合は「ご令嬢」と言い換えよう。立派なのは相手の家族なので、「いる」の尊敬語である「いらっしゃる」と使う。コラム6参照。

GOOD
03位

結構な品物をありがとうございます。

Point 帰り際、お土産を手渡されたときに使えるフレーズ。「素晴らしいお品なので、使わせていただくのがもったいないほどです」など、謙遜するのも◎。

GOOD
04位

お茶をいただきます。
ありがとうございます。

Point 相手の自宅で好きな飲み物を聞かれたら、「いただきます」とへりくだるようにすること。「茶」「菓子」などは頭に「お」をつけて美化語にすると上品。

めっちゃすごい家だなぁ〜！

「すごい」が何を意味するのか曖昧にならぬよう、「すばらしい」と表現した方がわかりやすい。会社を離れた場でも、上司に対しては程よい敬語を心がけて。

息子さん、賢いですね。

相手の身内をほめるときも、細心の注意を払うこと。敬語表現を使わずにほめると、相手の気分を高めるつもりがムッとさせてしまうことになりかねない。

ごたいそうな品物を、すいません。

「ごたいそうな〜」と伝えると、相手の品物に対して皮肉っぽく伝わってしまいがち。謝罪の言葉よりも、感謝の言葉で締めくくった方が感じが良い。

お茶で結構です。

「何にしますか？」と聞かれたら、「で」は使わない。「〜で結構です」だと、「〜で我慢しますから……」という意味で捉えられてしまう可能性が高い。

パーティや交流会に出席したとき

VERY GOOD

01位

お会いできて大変光栄です。

> **Point** 会ってみたかった人に会えたときや、出会った人の立場を高めるときに使えるフレーズ。「嬉しい」を「光栄」とすれば、大人っぽい。

VERY GOOD

02位

ご紹介いただけないでしょうか?

> **Point** 大勢が集まる場所では、その場に出席している知人から別の人を紹介して欲しいときもある。「紹介する」のは相手なので、「ご紹介」と言い換えよう。

GOOD

03位

盛大な会で、お喜び申し上げます。

> **Point** 褒め言葉は丁寧な表現で伝えるほど、相手に喜ばれやすい。漢字で「喜ぶ」と「慶ぶ」を書き分ける時があるが、慶事(祝い事)では「慶ぶ」を使う。

GOOD

04位

先ほどのスピーチ、非常に感銘を受けました。

> **Point** 「感銘を受ける」とは、深く感動することを意味する。「さっき」を「先ほど」、「とても」を「非常に」と言い換えて、社会人として恥ずかしくない伝え方に。

会えて嬉しいです。

「光栄です」と伝えれば、相手に好意が伝わりやすい。「お会いする」を「お目にかかれ」と言い換えることもできるので覚えておこう。

紹介してくださいよ。

「〜してください」では命令口調となり、相手を不機嫌にさせかねない。「いただけないでしょうか」と謙譲語でへりくだるとGOOD。

なんだか盛り上がってますね〜。

盛り上がっている様子など、とっさにどのように伝えればいいのか迷うところ。敬語フレーズの定型文を覚えて、そこからブラッシュアップさせるのが良い。

さっきのスピーチ、とても感心しました。

「感心」は目下に向かって使う言葉なので、自分より立場が上の人には使わない。パーティなどの場では相手の話をしっかり聞いて、雑談の話題を発見しよう。

COLUMN 9 シーズン別敬語集

1 年を通じて日本の四季（春夏秋冬）に合った、手紙やメールの文章での文章表現のフレーズを押さえておきましょう。以下は、すべて文末に使用する例文です。

【以下の記号の意味】
★改まった言い方　☆親しい間柄での言い方

【春】
★立春とは名のみの寒さです。何卒ご自愛ください。　※立春…2月4日
★暦の上では春立ちぬと申しますが、寒気ひとしおです。どうぞご自愛ください。
★余寒厳しき折柄、何卒ご自愛専一に。　※余寒…立春以降の寒さ
★三寒四温の折柄、体調を崩されませんようご自愛ください。
★春暖快適の折柄、何卒お健やかにお過ごしください。
★若草萌えいづる季節を迎え、更なるご発展をお祈り申し上げます。
★景気回復も順調の折、貴社の更なるご発展を衷心より祈念申し上げます。
★陽光うららかのみぎり、貴店のご繁盛を心よりお祈り致します。
★陽光うららかなる折柄、皆様のご健康とご活躍をお祈り申し上げます。
★桜花爛漫のみぎり、心ゆくまでご観覧と花の宴をお楽しみください。
★天候不順の日もございます。くれぐれもご無理なさいませんようご自愛専一に。
★花冷えの季節、どうか体調をくずされませんように。
★天候定まらぬ季節でございます。ご自愛専一に。
★花どきは気候も不安定ですので、お体を大切に。
★春爛漫を満喫なさって、ご活躍のほど、祈り上げます。

☆立春とはいえ寒い毎日です。どうぞご自愛ください。
☆余寒厳しき折から、お身体を大切になさってください。
☆季節の変わり目でございます。体調を崩されませんように。
☆寒さの戻りで冷え込むこともございます。体調を崩されませんように。
☆寒も明けて日一日と春の気配が深まります。皆様のご多幸をお祈り致しております。　※寒明け…立春のこと
☆三寒四温の今日この頃、こまめに衣服を調節して、風邪など引かないようご注意ください。
☆春はまだ浅いながら、日増しに暖かくなってまいりました。
☆拙宅の枝垂れ梅はそろそろ満開です。ひと足早く、春を愛でる宴などいかがですか。
☆何かと多忙な折、体調管理には十分にお気をつけください。
☆風がまだ冷たいですから、健康には十分注意してください。
☆ここ数日、急に春めきましたが、まだ寒暖の差が激しい時期です。体調管理にはくれぐれもご注意ください。
☆夜の冷え対策はどうぞお忘れなく。
☆弥生三月、ステップアップの時。新しい任地で存分に活躍してください。
☆桜の便りもすぐそこまで届いています。ご自愛の上ご活躍のほど、祈り上げます。
☆春はもうすぐそこまで来ています。どうかお元気でご活躍ください。
☆春宵一刻値千金。目標に向かって挑戦してください。
☆本日はお招きいただき誠にありがとうございました。□□様の益々のご活躍とご健康をお祈り致しております。
☆今日は懐かしい方々にお会いすることができて望外の幸せでした。□□さんに深く感謝致しております。
☆春望一幅、値千金の絶景でした。また、ぜひご一緒させてください。
☆花散らしの嵐で残念でした。来年もまたご一緒させてください。
☆春はなにかと体調を崩しやすい季節でございます。お気をつけください。

【夏】
★向暑のみぎり、ご自愛専一に。
★向暑の折から、皆様のご壮健をお祈りいたします。
★梅雨入りも間近なようでございます。ますますのご健勝を祈り

上げます。
★薫風のみぎり、ご機嫌麗しく幸多からんことをお祈り申し上げます。
★爽やかな初夏のみぎり、皆様のご健康とご多幸をお祈り申し上げます。
★風薫る爽やかな折柄、皆様のご健勝をお祈り申し上げます。
★風薫る五月、皆様お健やかにお過ごしください。
★時節柄、お元気でお過ごしくださいますようお祈り申し上げます。
★梅雨寒の日もめぐってまいります。くれぐれも風邪などめされませんよう、ご自愛専一に。
★季梅雨の時期は冷える日もございます。お風邪などめされませんように。
★入梅の折柄、どうぞお健やかにお過ごしください。
★天候不順の折、何卒ご自愛専一に。
★梅雨寒の日もございますので、体調を崩されませんようご自愛ください。
★向暑のみぎり、皆様のご健康を心よりお祈り申し上げます。
★酷暑の折、どうぞご自愛ください。
★猛暑のみぎり、ご自愛専一にお過ごしください。
★皆様、夏風邪などひかれませんよう、ご自愛ください。
★暑さ厳しき折柄、皆様のご健康を心よりお祈り申し上げます。
★一年でもっとも暑い梅雨明けの折、皆様のご健勝をお祈り致します。
★暑さひとしおの時節、皆様のご壮健を衷心より祈念致します。

☆新緑に心洗われる季節。自然に親しみ英気を養ってください。
☆さあ、アウトドアの季節です。いい汗流してください。
☆この週末は好天に恵まれるといいですね。大物をゲットしてください。
☆すっかり夏めいてきました。体調管理に気をつけて、マイペースでいきましょう。
☆過ごしやすい季節ですが、あまり無理なさらぬようお祈り申し上げます。
☆間もなく梅雨入りかと思われます。体調を崩さないようお気をつけください。
☆もうすぐ梅雨入りですね。体調管理に気をつけてお仕事に励んでください。
☆夏はもうすぐそこです。体調を崩されませんようお気をつけく

ください。
☆蒸し暑い毎日ですが、どうぞお体お大事に。
☆毎日しっかりと栄養を摂って、蒸し暑いこの時期を乗り切ってください。
☆梅雨明けが楽しみですね。お仕事が大変でしょうけど、元気でがんばってください。
☆うっとうしい毎日ですが、雨に濡れた紫陽花がとてもきれいです。目の保養もお忘れなく。
☆梅雨明けまでもうしばらくかかりそうです。どうぞお体にお気をつけて。
☆心ふさぐような梅雨空ですが、何卒、お心お健やかにお暮らしください。
☆蒸し暑い日が続きます。本格的な夏をひかえて、くれぐれもご自愛くださいますよう、祈り上げます。
☆夏の夜はつい寝不足になりがちです。お身体、大切になさってください。
☆今年は例年にない冷夏です。お風邪などめしませんよう、くれぐれもご自愛ください。
☆間もなく花火大会ですね。ご家族水入らずでお楽しみください。
☆今度の月曜日が土用の丑の日です。うなぎで精をつけて、暑い夏を乗り切ってください。
☆連日の猛暑でグッタリしていませんか。美味しいうなぎでも食べてがんばってください。

【秋】
★まずは残暑のお見舞いを申し上げました。御池では朝夕はもう涼しいことと存じます。お風邪などひかれませんように。
★立秋とは名のみの猛暑です。ご自愛専一にお過ごしください。　※立秋…8月7日
★残暑きびしき折柄、くれぐれもご自愛のほどお祈り申し上げます。
★炎天治まらぬ秋暑のみぎり、皆様のご健勝をお祈り申し上げます。
★晩夏のみぎり、皆様のご健康を心よりお祈り致します。
★処暑の折柄、ご機嫌麗しくお過ごしになられますようお祈り申し上げます。　※処暑…8月22日または23日
★残暑去り難き折柄、何卒ご自愛専一に。
★さわやかな秋を満喫されますよう、お祈り申し上げます。

★皆様の秋が実り深いものになるよう、願っています。
★新涼の折、どうぞご健勝にてお過ごしください。
★秋色深まりゆく折柄、ご機嫌麗しくお過ごしくださいますようお祈り申し上げます。
★暑さ寒さも彼岸までと申します。爽やかな秋を迎えられますようお祈り致します。　※秋の彼岸…秋分の日を中日とする前後7日間
★秋たけなわ、日々ご壮健にてお過ごし頂けます様お祈り申し上げます。
★紅葉のみぎり、実り豊かなご旅行となりますようお祈り申し上げます。
★灯火親しむ時節、なお一層ご研鑽を積まれますよう期待しております。
★秋冷爽快の折、仕事にスポーツに一層のご活躍を。
★菊花薫る秋節、皆様のご健康とご多幸をお祈り申し上げます。
★お身体にご留意なさって、実り多い秋を満喫されますよう、お祈りいたします。

☆もうしばらく残暑が続くようです。くれぐれもお元気で。
☆今年の暑さは例年に増して長く厳しく残るようでございます。皆様くれぐれもお身体をご大切に。
☆夏の疲れがでるころです。どうかご自愛ください。
☆きびしい暑さが続いています。皆様お元気でお過ごしください。
☆今年の残暑もきびしそうです。体調管理にはくれぐれもご注意ください。
☆一雨ごとに涼しくなる今日この頃です。秋本番に向けて、夏の疲労回復に努めましょう。
☆夏の疲れが出やすい頃です。体調の変化にはどうぞご用心。
☆過ごしやすい季節になりましたが、お体大切にご自愛ください。
☆爽やかな季節となり、ますますのご活躍を期待致しております。
☆ご旅行に、レジャーに、行楽の秋を満喫してください。
☆朝夕もめっきり冷え込むようになりました。くれぐれもご自愛ください。
☆ひと雨ごとに涼しくなってまいりました。風邪などひかれませんよう。
☆秋深まり、心穏やかに学業に邁進されますよう願っております。
☆行楽に、読書に、スポーツに、すばらしい季節でございます。どうか実り多い秋を過ごされますよう。
☆朝寒の折、お体に気をつけて。

【冬】
★夜寒の折、皆様のご健康を心よりお祈り申し上げます。
★向寒の折柄、体調を崩されませんようご自愛ください。
★ご自愛専一に、お健やかに冬を迎えられますよう。
★深冷の候、ご家族の皆様のご健勝とご活躍をお祈り申し上げます。
★師走に向けて、お忙しい時期を迎えられることと存じます。ご自愛ください。
★天候不順の折、皆様のご壮健をお祈り申し上げます。
★小春日和の今日この頃、皆様お健やかにお過ごしください。
★黄葉鮮やかな季節、皆様のご活躍を心よりお祈り致します。
★ご多忙の折柄、どうぞご自愛専一に。
★ご多忙の折、甚だ恐縮ではございますが、取り急ぎお知らせ申し上げます。
★寒気きびしき折柄、ご壮健にてお過ごしください。
★年末に向けてご多忙な日々をお過ごしのことと存じます。くれぐれもお体をご大切に。
★気ぜわしい毎日ですが、体調をくずされませんよう、お祈り申し上げます。
★年の瀬を迎え何かとご多用の折、お体大切になされて良いお年を迎えられますようお祈り申し上げます。
★ご家族お揃いで良い年を迎えられますようお祈り申し上げます。
★末筆にて恐縮ではございますが、ご一同様のご清栄をお祈り申し上げます。先ずは寒中のお見舞いまで。
★寒さきびしき折柄、お体くれぐれもお大事に。
★寒さ厳しい折、どうぞご自愛くださいませ。
★雪の舞う季節、お足元にはお気をつけください。
★酷寒の折柄、お風邪など召されませんようご留意ください。
★厳寒の折、皆様のご健康とご多幸を心よりお祈り申し上げます。

☆先日、早くも木枯らし一号が吹きました。急な冷え込みに体調を崩さないようお気をつけください。
☆いちょう並木がすっかり黄葉しています。風邪など引かぬようお気をつけください。
☆街はもう冬の装いです。温かくしてお過ごしください。
☆めっきり寒くなりましたね。夜は温かくしてお休みください。

☆葉を落とした公園の木々が北風にふるえています。気ぜわしい師走を迎えますが、無理をせず健康第一でがんばってください。
☆慌ただしい時期ですが、病気と事故にはくれぐれもご用心ください。
☆めっきり寒くなりました。インフルエンザには特に気をつけて、ご自愛専一に。
☆いちょう並木もすっかり葉を落とし、もう冬枯れの景色です。暖かくしてお出掛けください。
☆忘年会シーズンですが、ご無理なさらないで、どうぞお体大切に。
☆例年になく早くから雪が多くなっております。くれぐれもお身体、ご大切に。
☆冬になって空気が乾燥しております。お風邪をひかれませんよう、ご留意ください。
☆今年もお世話になりました。来る年もどうぞよろしくお願いいたします。
☆松もとれましたが、厳しい寒さはこれからです。どうぞお体大切にお過ごしください。
☆きびしい冷え込みが続きますので、お風邪など召されませんようご自愛ください。
☆まだまだ寒い日が続きます。風邪など引かれませんように。
☆真冬の寒さが続きます。寒鰤、寒鱈、寒しじみなど、季節の味覚で精を付けてください。

お詫びの敬語

失態・ミスを詫びる ……………………… 180
遅刻を詫びる ……………………… 182
言い過ぎたことを詫びる ……………… 184

巻末コラム　敬語の基本〈まとめ〉 …… 186

10 失態・ミスを詫びる

VERY GOOD
01位

謹んでお詫び申し上げます。

Point 「詫びる」に謙譲語の「申し上げる」を付けて、謝罪と敬意を伝える。「心からお詫び申し上げます」も同様に使う。

VERY GOOD
02位

ちんしゃ
陳謝いたします。

Point 「謝る」と敬語で表現すると、「陳謝いたす」と言い換えることができる。「いたす」とつけて、へりくだろう。「陳謝申し上げます」も可。

GOOD
03位

こちらの手違いでございました。

Point 「ミス」を「手違い」または「手落ち」と表現すること。子供っぽい表現は、ビジネスシーンの謝罪の場には似合わない。

GOOD
04位

考えが及びませんでした。

Point 「及びません」と表現すれば、こちらを下げた表現で伝えられる。自らの努力不足を謝罪したい時に使えるフレーズ。

あのう……すいません。

　　ビジネスシーンでは、「すいません」は厳禁。自分の
　　ミスを潔く認め、解決策を話しあおう。気持ちが伝わ
らないフレーズ。

私が謝りますんで……

　　歯切れよく話さなければ、相手をイライラさせるだ
　　け。「謝ります」では敬意は含まれないので、失礼な印
象に。

僕のミスです。

　　「僕」「私」などは「わたくし」としっかり言い換えるこ
　　と。「申し訳ございません」と謝罪を切り出そう。

もっと頑張るべきでした。

　　これでは自分の反省を伝えるだけで、敬意も謝意も伝
　　わりづらい。謝罪する時は、頭を下げて丁重に謝るこ
と。

10 遅刻を詫びる

1位 VERY GOOD

大変申し訳ございませんが、電車遅延のため、10分ほど遅れてしまうかと存じます。

 Point：まず、「大変申し訳ございませんが〜」と遅刻する旨を謝罪する。「思う」を「存じる」と言い換えた形。

2位 VERY GOOD

遅れてしまい、大変失礼いたしました。

 Point：「すみません」は「申し訳ございません」や「失礼いたしました」と言い換えて。「お待たせして申し訳ございません」などのフレーズを続けたい。

3位 GOOD

お時間を作っていただきながら、大変申し訳ございません。

Point：相手の貴重な時間を奪ってしまうので、丁重に詫びたい。「いただく」という謙譲表現を用いよう。

4位 GOOD

遅くとも15時半には伺えると思います。急いで向かっております。

Point：「行く」の謙譲語である「伺う」を使って丁寧に表現すること。慌てている時にも、敬語表現は忘れないように。現在急いで向かっている状況も伝えよう。

あとだいたい10分ぐらいかかると思うんですよね……

「〜ぐらいかかるかも？」という曖昧表現では、相手も対応に困ってしまう。念のため、予定時刻より長めの時間を伝えること。

十分間に合う予定だったんですけど……すみません。

言い訳よりも遅刻の謝罪の方が先。謝罪した後は、「電車が遅延してしまいまして」などわかりやすく、簡潔に。

時間ないですよね……

相手は忙しいことが前提で話をするのが基本。まずは、遅刻したことを詫びることが最優先。

もうすぐ着きます！　（ガチャ）

「もうすぐ」だけでは、相手はあなたが何時に到着するのかわからない。到着予定時刻をしっかり伝えよう。急いでいるのはわかるが、すぐに切らないように。

10 言い過ぎたことを詫びる

VERY GOOD

01位

事情を存じ上げず、失礼しました。

 Point 「知らなかった」を尊敬表現にすると「存じ上げず」となる。「失礼しました」と謝罪の文言は必須。

VERY GOOD

02位

言いすぎてしまい、申し訳なく存じます。

Point 「思う」は「存じる」へと言い換えて、社会人らしいフレーズに変身させること。「すみません」よりも「申し訳ない」を使う。

GOOD

03位

全く私の認識不足でした。

Point 「知らない」は「認識不足」と表現することが敬語表現では多い。一気に大人っぽい表現になるので覚えておこう。

GOOD

04位

お気を悪くなさらないでください。

Point 「気を悪くなさらない」は、「気を悪くしない」を尊敬表現に改めた形。依頼する形をとって、へりくだろう。マイルドなテッパン敬語フレーズ。

私は△△のつもりだったんですよね……、事情を知らなかったので。

自分の意見を主張する前に謝罪すること。延々と意見を主張すれば、相手をさらに怒らせる結果になりかねない。

ついつい勢いで言ってしまい、申し訳なく思います。

不要な言葉で、相手にクレームを伝えた時などに使う。「申し訳なく存じます」で丁寧な謝罪を示せる。

よく知らなかったんですよね。

謝罪の時に、言い訳をしないようにする。言い過ぎた原因を、端的に伝えられるように心がけて。他人事のように聞こえるのはNG。

気を悪くしないで欲しいんですが……

「〜して欲しい」では、こちらの要望を勝手に伝えている印象に。「お許しください」など下から目線の言葉を使うこともある。

巻末 COLUMN 敬語の基本〈まとめ〉

最後に敬語の基本をまとめておきましょう。本来、敬語は5種類に分けられますが、ここでは謙譲語を1つにまとめて4種類としてご紹介します。

●敬語の働き
敬語は対話においてどのような働きをしているのでしょうか。
(1) 自分より上位の人や優位の人の優越意識や自尊心を守り、相手との差や距離を調和し、相手の気持ちを調和し、相手の気持ちを「快」にして人間同士のふれあいや絆をつくる。
(2) あらたまった場所で、自分の品位を保ち、けじめのある発言にする。
以上の2つの働きがありますが、相手との調和を生み出し、品位とけじめをつくる言葉と考えてください。

●敬語はどんなところで使うか
敬語は次のような人、場面で使います。
(1) 年長者に対して……………………………父親、母親、先輩
(2) 地位・立場の高い人………………………職場の上司、先輩
(3) 能力・実力・キャリアのある人………学者、医師、作家、恩師
(4) 恩恵・利益を与えてくれる人…………顧客、取引先
(5) 人間関係のできていない人……………初対面の人、たまに会う人
(6) 公的な場で話す時…………………………会議の席、講義、スピーチ

●敬語の種類
敬語には4つの種類があります。
(1) 美化語……言葉の響きを美しく飾り、自分の言葉を上品にきれいにする敬語
　　　　　　　日本語は、世界の中でも最も美しい響きを持つ言葉です。これは、長い歴史の中で、どうしたら美しい響きになるかを先人が考え、言い伝えられてきたからとも言われます。

　①言葉の頭に「お」「ご」をつけます。
　(例) お茶、お酒、お菓子、お手洗い、ごはん、ご門、ご神前
　※ただし、つけてはいけない言葉もあります。
　・外来語……おパーマ、おジュース、おコーヒー(ビール、トイレにつける人がいますが正式にはつけません)
　・公共の建物、場所……お学校、お公民館、お警察、お会場

- 「お」で始まる言葉……帯、桶、甥、王様(「帯」は「お」をつけたら「御御(おみ)帯」に変わります。
- 反社会的な事物・人物……やくざ、どろぼう、被告
- 「お」をつけると意味が変わる言葉……夜分

②言葉の響きを上品にして美しい言葉にします。
(例)飯を食う→ご飯を食べる
　　うまい果物→おいしい果物
　　腹→おなか

(2)丁寧語……聞き手に直接、敬意を表す敬語です。
　①語尾を「です」「ます」「ございます」で括ります。
　(例)帰ります、父です、鈴木でございます

　②よく使われている丁寧語。
　(例)雨が降ってまいりましたね
　　　東京には三越と申しますデパートがあります
　　　そういたしますと、十日かかりますね
　　　このあたりで、よろしいでしょうか
　　　まったく存じません
　　　承知しております
　　　はい、かしこまりました
　　　あちら(こちら)でお待ち下さい
※客や上司や目上の人には、どんな場合でも次にあげるNG言葉は使わないでください。

(NG)	(GOOD)
そうだ	そうですね
そんなことねえよ	そのようなことはありません
それでさあ	それで
そうだね	そうですね
おビール?	ビールですか

(3)尊敬語……相手、または相手にかかわる物や事、行為、状態に敬意を表す敬語です。
　①付加体……普通表現の言葉の前後に言葉をつけて敬意を表します。
　・「お」「ご」をつける……お帽子、お洋服、ご意見、ご感想
　・「お」「ご」〜「になる」の形体にする……お聞きになる、ご発言になる
　・「お」「ご」〜「くださる」の形体にする……お求めくださる、ご来場くださる
　・「れる」「られる」の形体にする……行かれる、来られる
　②転換体……言葉をそっくり変えて尊敬語にします。

(普通)	(尊敬語)
言う	おっしゃる
見る	ごらん
する	なさる
食べる	めしあがる
行く	いらっしゃる
来る	いらっしゃる
居る	いらっしゃる

(4) 謙譲語……自分や自分にかかわる行為や行動を謙遜し低めることにより、相手を高め敬意を示す敬語です。
　①付加体……普通表現の前後に言葉をつけて謙譲語にします。
　・「お」「ご」～「します (いたします)」……お話しいたします、ご説明します
　・「お」「ご」～「いただく」……お買いあげいただく、ご乗車いただく
　・～「せていただく」……休ませていただきます

　②転換体……言葉をそっくり変えて謙譲語にします

(普通)	(尊敬語)
言う	申す
見る	拝見
聞く	拝聴、伺う、承る
する	いたす
たべる	いただく
行く	参る、伺う
来る	参る、伺う
居る	おる

●人称・敬称のきまり
自分をさす言葉や、相手をさす言葉、第三者をさす言葉を人称といいます。この人称の使い方を間違うと相手を不愉快にしたり、自分も恥をかきます。また、呼ぶときの敬称を間違うと常識知らずと言われたり、「失礼な人間」と軽蔑されます。正しい人称・敬称の「きまり」を覚えてください。

(1) 自分のこと (一人称)
　①わたくし……正式・公的な立場で話す言葉で、スピーチ・会議・正式訪問時などに使う
　②わたし……自称の標準の形で、個人的に話す言葉。職場での対話、日常会話で用いる
　③ぼく……学生用語。親しい間柄で使う言葉で、職場の先輩・友人・後輩に

　　　　　　対して使う
　④おれ……ごく親しい間柄の人に使う言葉で、親友・プライベートの会話で用いる。
　⑤小生……手紙文で目下の人へ使う
　⑥自分……現代では、ほとんど使わない
　⑦てまえ……一部の商人・職人が使う

(2) 相手をさす言葉 (二人称)
　①さん……二人称敬称としての標準形
　②さま……敬称としても最高の言葉 (例) 皇族の方の「雅子様」「まこ様」
　③くん……対等、それ以下の人に使う敬称
　④ちゃん……愛称として使う
　⑤殿……手紙文では使う人がいるが、対話では使わない
　⑥あなた……敬称だが自分と同等、それ以下の人に使う

(3) 第三者をさす言葉 (三人称)
　①あの方……敬意のある三人称
　②あの人……対等の人の三人称
　③あの者……蔑視・卑下した三人称
　④氏……文書表現でつかう敬称

(4) 敬称 (「さん」「様」「殿」「君」については上記を参照してください)
　先生……恩師・指導的立場の人に対する敬称
　　※日頃、まわりの人から「先生」と言われている人には「先生」と言ってください
　社長、部長、課長、顧問……役職の敬称
　大臣、理事、審議官、警部……役職の敬称
　新郎、新婦……婿、嫁の敬称
　関取……十両以上の力士の敬称
　師匠……学問技芸など教授する人の敬称
　親方……相撲の年寄り、料理人、職人のトップの敬称
　女将(おかみ)……料亭、旅館の女主人の敬称
　選手……競技者の敬称
　コーチ……運動の指導者の敬称
　監督……現場 (スポーツ、映画、演劇、音楽など) の監督者の敬称
　マネージャー……職場における管理者の敬称
　博士、教授……博士号、教授の地位にある人の敬称
　棟梁……大工のかしらの敬称

おわりに

本書の敬語マスター術は、いかがでしたでしょうか？
これまでの敬語本は、理論、文法、メソッド、歴史などから入り、いろいろなプロセスを経て、実践で使えるビジネス敬語を紹介した書籍が多かったと思います。
しかし今回は、その逆ですね。まず、仕事で使う敬語のみを順位づけ、ビジネスで効果テキメンの敬語句のみを覚えていくことを目的にしています。
では、それでも敬語アレルギーだという方に、最後に**「唐沢式・五感をフル活用」**して覚えるコツを伝授しましょう。
手や目、口、耳などをフル回転してマスターしていくのです。
すぐにできる実践プチトレなので、早速TRYしてみましょう。

❶ 書く……**敬語日記を書いてみましょう。**
　上司や先輩への伝言メモも敬語モードで。
　報告書やメールなども敬語を意識しましょう。

❷ 読む……**敬語で書かれた書籍を読んでみましょう。**
　読書で素敵な敬語を吸収してみましょう。
　先輩や上司の敬語文章から習得できるヒントも多々あります。

❸ 話す……**電話や会話などで敬語を意識して話してみましょう。**
　敬語力は場数を踏むこと重要です。
　文章や日記を書くだけでなく、実践で恥をかく、汗をかく、新人はべそをかいてよし。

❹ 聞く……**仕事や趣味の時間に敬語に注目して傾聴してみましょう。**
　会議、プレゼンなど、できる人から吸収。
　また、刑事ドラマ、時代劇、映画からも敬語力をインプット。

こうして、❶❷❸❹を繰り返して練習すれば、知らず知らずのうちに、敬語力がアップしていきます。口先や頭だけでなく、五感をフル活用させることが一番の近道でしょう。

　最後に、手で書く、目で読む、口で話す、耳で聞くコミュニケーションはすべて「伝える」ということです。伝えたいものは伝わりますし、伝わらないのは伝えようとしていないからかもしれません。

　みなさんの勝負五感を１つでいいから決めて、その長所を活かしながら、楽しく明るく、前向きに「敬語コミュニケーション」をしていきましょう。

◆**参考文献**

『敬語すらすらBOOK』唐沢 明・著　成甲書房
『美しい敬語を身につける本』河路 勝・著　中経出版
『敬語で日記を書いてみよう』唐沢 明・著　さくら舎
『できる大人のモノの言い方・話し方』杉山美奈子・著　高橋書店

協力：流石香織

仕事に使う順 毎日1分間
敬語マスターBOOK

2015年3月15日　第1刷発行

著　者	唐沢　明
発行者	東浦一人
発行所	TOブックス
	〒150-0011 東京都渋谷区東1-32-12 渋谷プロパティータワー13階 電話 03-6427-9625（編集） 　　　0120-933-772（営業フリーダイヤル） FAX 03-6427-9623 ホームページ http://www.tobooks.jp メール info@tobooks.jp
デザイン	金澤浩二
本文DTP	TOブックスデザイン室
印刷・製本	中央精版印刷株式会社

本書の内容の一部、または全部を無断で複写・複製することは、法律で認められた場合を除き、著作権の侵害となります。
落丁・乱丁本は小社（TEL 03-6427-9625）までお送りください。小社送料負担でお取替えいたします。　定価はカバーに記載されています。

© 2015　Akira Karasawa　　ISBN978-4-86472-365-7　　Printed in Japan